NOURJAHAD!
MOUNTAIN SYLPH
HERMANN!
EVERY EVENING
ADELPHI THEATRE
EXTRAORDINARY H
THE LAST DAYS
POMPEII
MADAME
VESTRIS
having recovered from her severe indisposition will appear
THIS EVENING!
THE POWERFUL AND MAGNIFICENT STEAM SHIP
FAVORITE
LEAVE ON TUESDAY NEXT FOR
OSTEND.
CARRYING HIS MAJESTY'S MAILS.
SPREAD EAGLE
PARIS
LANE
SPECTACLE
RTHUR
EVENING
ST. JAMES'S THEATRE
BRAHAM
MISS RAINFORTH!
MR. HARLEY!!
MR. JOHN PARRY
OBERON
ENCHANTED HORN!
TOM THUMB
Feast of Apollo
ON MONDAY
POSTILLION
WATERMAN
FRA DIAVOLO
OTELLO
ADELPHI.
ROBERT MACAIRE
TOM & JERRY
THE CHRISTENING!!
!!!!!!
EVERY EVENING
FRENCH
Olympic
MONDAY NEXT
GUSTAVUS THE THIRD!
MASK'D BALL.
16 WELSH GOATS,
10 COWS, 13 HOGS
TO BE LET
SOLD
A
FEMALE
DONKEY
HORSES!
COWS.
NEW ENGLISH OPERA
HIGHLY SUCCESSFUL
SHADOW ON WALL
READ !!!
CTURES

100 Jahre Werbung in Europa

Eduard Grosse

Wir leben. Es ist unsere weite Welt.
Und sie ist wunderbar!

Losung der
Peter Stuyvesant Werbung, Deutschland

100 Jahre Werbung in Europa

Eduard Grosse

Dreilinden Verlag

CIP-Kurztitelaufnahme der Deutschen Bibliothek

Grosse, Eduard
100 (Hundert) Jahre Werbung in Europa
Berlin: Dreilinden Verlag, 1980
ISBN 3-88596-000-1

 Umschlag: Creativ-Gruppe Noth + Hauer, Berlin. Bild- und Textgestaltung: Bernd Fischer und Lutz Diesbach, Berlin. Satz: Layoutsatz Lutz + Wäsch, Berlin. Reproduktionen: O.R.T. Kirchner + Graser GmbH, Berlin. Druck: Ludwig Vogt, Berlin. Einband: Industriebuchbinderei Heinz Stein, Berlin.
Printed in Germany. ISBN 3-88596-000-1

Inhalt

Einleitung

Diese Auswahl europäischer Werbung will und kann nicht vollständig sein. Sie hätte viele Bände zu füllen, um allein die wichtigsten Enwicklungslinien der Wirtschaftswerbung unseres Kontinents aufzuzeigen. Noch weniger soll hier eine Galerie der besten Werbung Europas vorgestellt werden. Dazu wäre es nötig, den wirtschaftlichen Erfolg zu registrieren, den eine Werbekampagne - völlig unabhängig von ihrer ästhetischen Gestalt - zu verzeichnen hätte. Denn Werbung ist ja nicht frei, sondern an ihren ökonomischen Auftrag gebunden. Sie ist Träger einer kommerziellen Botschaft und wird nach dem Grad bewertet, zu dem sie ihren Auftrag erfüllt. Aber sie ist auch ein kulturelles Phänomen. Bis zu 50 Prozent unserer Zeitschriften und Zeitungen und viele Stunden wöchentlicher Programmgestaltung unserer elektronischen Medien werden von Werbung gefüllt. Sie umgibt uns stets und überall. Diese Verknüpfung von kulturellem, ästhetischem und wirtschaftlichem Charakter der Werbung im Verlauf der letzten einhundert Jahre soll hier skizziert werden. Der Autor hofft, eine Art Standskizze, ein „layout" der Werbung zeichnen zu können. Und damit will er das Ausmaß deutlich machen, in dem die Werbung einer Periode deren Realität widerspiegelt und ihr Vermögen, die Zeit, in der sie geschaffen wurde, wiederum aktiv mitzugestalten und zu bereichern.

Das umfangreiche Bildmaterial dieses Buches wurde in oft schwieriger Arbeit, die manchmal detektivischen Spürsinn und Witz erforderte, von Mitarbeitern des Hauses Foote, Cone & Belding aus Museen, Bibliotheken, Firmenarchiven und Privatsammlungen zusammengetragen. Dafür möchte ich vor allem folgenden Herren danken:

K.G. Lindquist (Stockholm), Peter de Neergaard (Kopenhagen), Wolfgang Bosse (Frankfurt), Jacques Jessurun (Amsterdam), Alain Bourrut Lacouture (Paris), Antonio Beja (Madrid), Paul Griffin (Pianezzo/Tessin), Umberto Savoia (Rom), Michel Burton (Mailand), Paul Betts (London).

Mein Dank gilt auch Jim Tucker und Paul Griffin für viele Stunden harter Arbeit, um das Beste aus den Bergen von Plakaten, Dias, Anzeigen, Filmen und Zeitschriften auszuwählen, die für diesen ersten multinationalen Versuch, typische Repräsentation europäischer Werbung einhundert Jahre lang zu verfolgen, fleißig zusammengetragen worden waren.

Schließlich noch ein dankbarer Gruß an die Freunde Sidney Bernstein und Jack Graham vom guten alten „Advertising Age", von denen die Anregung zu diesem Werk stammt. Es wurde aus einem Vortrag für das erste europäische Werbeforum von „Advertising Age" entwickelt, das 1976 in Amsterdam stattfand.

Da Anzeigen und Plakate traditionell die Hauptmedien europäischer Werbung sind, wird sich aus Gründen begrenzten Raumes dieses Buch auf diese zwei Medien beschränken. Ferner wurde die Auswahl auf wichtige Marken und damit bedeutsame, Millionen Europäer beeinflussende Werbung konzentriert, für die sie geschaffen wurde.

Die sieben Grundlagen moderner Werbung

Wie in der freien Kunst kann man in der Werbung zwischen objektiv „gut" und subjektiv „ansprechend" unterscheiden. Der Initiierte, der Fachmann, differenziert zwischen Kunst und Kitsch, zwischen Kunst und Nichtkunst. Diesem Unterschied entspricht in der Werbung die Trennung richtiger von falscher Werbung. Nachdem im modernen Prozeß der Entwicklung von Werbebotschaften die gesamte komplizierte Medienplanung beendet ist, die psychologische Zielgruppensegmentation, die Testmärkte, die Auswahl der Typografie, des passenden Fotografen – wenn das alles vollendet ist, so betritt man die subjektive Sphäre der Werbung. In ihr herrscht wie bei der freien Kunst die Persönlichkeit und die künstlerische Kraft eines Autors, Filmemachers, Schauspielers oder Texters, der dem Verbraucher am Markt das Signal gibt, mit dessen Vermittlung ein Produkt oder eine Dienstleistung sich an ihn, und an ihn allein wendet. Zu viele der Werbeleute Europas (und Nordamerikas!) vergessen diese Tatsache zu oft, indem sie sich in der täglichen Hektik ihres Berufs hinter ihren zahlreichen hochentwickelten Werkzeugen und Techniken verstecken und verbarrikadieren. Mit Recht werden viele glatte Routiniers der modernen Werbung von Vertretern der Verbraucher und der Industrie wegen ihres Zynismus und ihrer schnellen Beutelschneiderei kritisiert. Bei ihrer großen Aufgabe, Märkte für zehntausende hergestellter Produkte zu öffnen, offenzuhalten und zu vergrößern, sollten Werber nicht den Funken ihres schöpferischen Beitrags durch Forschung, Statistiken, Systeme für den Marketingablauf und irgendwelche Formeln ersetzen. Heute arbeitet Europas Werbung unter Bedingungen, die grundverschieden sind von denen, die in den ersten einhundert Jahren seit der industriellen Revolution vorherrschten. Es lassen sich meines Erachtens nach sieben Hauptelemente moderner Werbung unterscheiden, die man kennen muß, ehe man den Werbegriffel spitzen darf.

1. Wir leben in einer Gesellschaft der Mittelklasse

Europas Mittelklasse begann sich mit der industriellen Revolution in der Mitte des 19. Jahrhunderts zu emanzipieren. Jetzt beherrscht sie unseren Kontinent. Die übergroße Mehrheit der Westeuropäer, rund 75 Prozent der Gesamtbevölkerung, kann sich praktisch alles leisten, was in der Wirtschaftswerbung des Kontinents angeboten wird, nachdem während der letzten dreißig Jahre eine ungeheuere Umverteilung an Einkommen und Besitz stattgefunden hat. Oberklasse und letzte Überreste des westeuropäischen Proletariats müssen sich in Geschmack, Konsumverhalten, Lebensstil und Wertskala der Herrschaft der Mittelklasse beugen oder aus dem Leben der Gesellschaft aussteigen. Ein Teil der heutigen Studentenrevolution läßt sich aus diesem Herrschaftsverhältnis erklären. Lang etablierte Strukturen soziologischer und demografischer Art werden innerhalb der allumfassenden Mittelklasse durch neue Kategorien ersetzt. Dieser Prozeß hat für die Werbung die Ablösung soziologisch-ökonomischer durch psychologische Gruppendefinitionen möglich gemacht. Die Werbung unterstützt so auf verblüffende Art die Entwicklung hin zu einer neuen Individualisierung. Denn die Mitgliedschaft in solchen psychologischen Gruppen ist offen und wechselnd. Sie ist nicht mehr von Erziehung, sozialem Status und Einkommen abhängig, sondern von individuellen Wertschätzungen und Kaufhandlungen. Sie ist, soweit psychologisch möglich, weitgehend freiwillig.

2. Das Fernsehzeitalter hat für uns begonnen

In den meisten europäischen Ländern sind die neuen elektronischen Medien, Funk und Fernsehen, neben die traditionellen Gutenberg-Medien, Plakat, Zeitschrift und Tageszeitung, getreten. Die Anzahl und die Intensität der bestehenden Kanäle für das Verbreiten kommerzieller Botschaften ist größer geworden. Werbekampagnen werden meist zwischen den einzelnen Medien aufgeteilt und erst im gesamten Multimedienplan erscheint die volle und vollständige Botschaft für ein Produkt. Jedes Medium konzentriert sich in diesem Werbeorchester auf die Teilaufgabe, die sich mit ihm am besten durchführen läßt. Zum Beispiel mag ein Produkt über das Fernsehen eingeführt werden. Seine Erinnerungswerbung wird jedoch in Zeitschriften fortgeführt.

3. Es wird mehr geworben als jemals zuvor

Mit dem in der Geschichte bisher einmalig großen Angebot an Produkten und Dienstleistungen an fast alle Bürger wuchs auch die Werbung, die ihren Absatz unterstützt. Werbung muß heute präzise und einfach sein, um gehört und gesehen zu werden. Sie muß aber auch besser sein als jemals zuvor. Werbeagentur und werbende Industrie stehen auf dem Markt unter großem Wettbewerbsdruck, auf den sie entweder mit teurerem, größerem Werbegewicht oder mit einer besseren Botschaftsqualität reagieren müssen.

4. Der Handel in Europa hat sich völlig verändert

Das Verteilungsnetz für Verbrauchs- und Gebrauchsgüter Europas war hundert Jahre lang, bis ungefähr 1960, kaum Veränderungen unterworfen. Selbstbedienungsläden, Ketten, Kaufmärkte, Einkaufszentren, Privatmarken haben seither die Absatzbedingungen und Verteilungswege revolutioniert. Das hat einen neuen variablen Faktor für Werbungtreibende und Werbeagenturen hervorgebracht, der ihre Tätigkeit kompliziert. Die meist unterschätzte Macht des Handels über die Aufnahme von Marken in seine Regale ist ein weiterer variabler Faktor für Werber.

5. Die Verbraucher haben begonnen, die Werbung zu beeinflussen

Unsere an wachsendem Konsum orientierte und politisch emanzipierte Mittelklassengesellschaft beschäftigt sich intensiv mit allem, was auf ihr freiverfügbares Einkommen einwirkt: Steuern, Arbeitszeit und auch auf die allgegenwärtige Wirtschaftswerbung. Gewählte und selbsternannte Vertreter von Verbrauchern versuchen die Werbung zu beeinflussen. Ideologisch motivierte, aber auch ehrlich besorgte Rufe nach Restriktion, nach Ordnung, nach Begrenzung von Werbung hallen laufend über unseren Kontinent. Diese Entwicklungen wiederum beeinflussen die Werbung Europas, begrenzen sie, aber reinigen sie auch von Auswüchsen und allzu lauten Belästigungstechniken.

6. Die USA sind nur noch drei Stunden von Europa entfernt

Die Vereinigten Staaten sind heute ein Teil des europäischen Marktszenarios. Amerikanische multinationale Hersteller und Werbeagenturen sind seit dem Zweiten Weltkrieg in Europa heimisch geworden. Ihr Management und ihre Methoden sind oft europäisiert, nachdem sie geholfen hatten, unserem Kontinent die Werkzeuge und Ideen des Massenmarketings für eine eingeebnete Mittelklassengesellschaft zu vermitteln. Seit Anfang der siebziger Jahre sind viele europäische Hersteller und Verteiler ihrerseits in den lockenden nordamerikanischen Markt eingedrungen. Es kann erwartet werden, daß Amerika durch seine Öffnung nach Europa ebenso stark einem Europäisierungsprozeß unterworfen sein wird, wie der westliche Teil von Europa umgekehrt zahlreiche nordamerikanische Charakteristiken angenommen hat.

7. Die Werbeagentur hat den einzelnen Werbeberater verdrängt

Werbung ist heute eine wichtige Industrie geworden. Mit der Garantie ihres Spezialwissens, der Solidität ihrer finanziellen Basis und der Selbstsicherheit, die in ihrer Unabhängigkeit begründet ist, hat die große multinationale Werbeagentur eine Schlüsselrolle in der europäischen Werbung eingenommen. Sie hat den einzelnen Werbeberater aus der bedeutsamen Massenwerbung weitgehend verdrängt. Meist ist die Werbeagentur eine Art Verbraucherlobby im Marketingorchester des Herstellers.

Eine gute Werbeagentur muß heute diese Rolle übernehmen oder bei der Entwicklung bedeutsamer Werbung versagen. Werbung, die auf den Hersteller fixiert ist oder sich an Technik oder Produktion statt an der Erfüllung echter Verbraucherwünsche orientiert, ist in unserer an Werbung gewöhnten Gesellschaft zum Scheitern verurteilt. Gescheiterte Werbung aber, das heißt Werbung, die nicht wirkt, ist eine Quelle großer finanzieller Einbußen für den Hersteller.

Die zwei Wurzeln der Werbung

Werbung wird stets für die Gegenwart gemacht und ist auf die nahe Zukunft ausgerichtet. Diese Eigenschaft teilt die Werbung mit der Mode. Werbeleute haben eine eigentümliche Abneigung gegenüber der Vergangenheit. Wenn sie sich mehr mit der Geschichte der Werbung beschäftigen würden, so würden sie oft erfahren, daß ihre große Idee der letzten Woche bereits von einem Franzosen, Deutschen oder Engländer vor 75 Jahren verwirklicht wurde.

Deshalb kann man für die Werbung der Zukunft aus der Werbung der Vergangenheit mindestens ebenso viel lernen wie aus der Marktforschung der Gegenwart. Man kann von den Grafikern und Textern, den Unternehmern, Lithografen und Verkäufern der letzten 100 Jahre lernen, die eigenen heutigen Werbeaufgaben besser zu verstehen. Und man kann von den Wünschen, der Nachfrage, den Interessen der Europäer von gestern und vorgestern fast alles über die heutigen Märkte Europas erfahren.

In den Augen unserer Generation ist die moderne Werbung ein Phänomen, das sich von den Vereinigten Staaten aus über die entwickelten, marktwirtschaftlich orientierten Länder verbreitet hat. Das stimmt nur für den Zeitraum geschichtlich beispielloser Prosperität der westlichen Welt nach dem Zweiten Weltkrieg. Ein Blick in die Zwischenkriegszeit zeigt aber klar, daß es zwei Wurzeln der modernen Werbung gibt: eine nordamerikanische und eine europäische. Beide reichen zurück bis in den Zeitraum der ersten industriellen Revolution in der Mitte des 19. Jahrhunderts. Die neuen Technologien jener Zeit trafen in Europa auf eine hochentwickelte Tradition bildender Kunst, die (ausgehend von Frankreich) für Jahrzehnte die Werbung grafisch-symbolisch bestimmte. Ihr Hauptwirkungsfeld war die Großstadt, ihr Hauptmedium war das Plakat.

In den Vereinigten Staaten gab es diese Tradition nicht. Werbung war fernerhin nicht auf große Städte konzentriert, sondern sie hatte die riesigen Entfernungen zwischen den Teilmärkten dieses damals landwirtschaftlich orientierten Landes zu überbrücken. Sie tat es durch die Betonung des verkäuferischen Wortes, mit der Textanzeige, deren Stil sich aus den Angeboten der Versandhauskataloge heraus entwickelte.

Vereinfachend kann man sagen, daß die grafische Wurzel der modernen Werbung in Europa liegt, die textliche Wurzel in den Vereinigten Staaten. Zumindest bei der Werbung in den gedruckten Medien sind die Spuren dieser Differenz noch heute sichtbar.

Die Werbung hat ihre eigenen Gesetze, die logisch und psychologisch bedingt sind. Wenn sie diese Gesetze nicht befolgt, ist Werbung wirkungslos. Werbung darf nicht eskapistisch gestaltet werden. Sie muß ein realistischer Spiegel ihrer Zeit sein, wenn sie echte Verbraucherwünsche erfolgreich befriedigen will. Sie darf, ja sie muß dramatisieren. Sie ist Bühne und Spiel der Mitwirkenden auf dem Markt.

Deshalb ist ein Blick zurück durch einen Zeitraum von rund einhundert Jahren auch ein Blick zurück auf die Welt des letzten Jahrhunderts: Werbegeschichte ist Zeitgeschichte.

Die industrielle Revolution demokratisiert den Wohlstand

Stets, seit der Erfindung der auswechselbaren Druckbuchstaben durch Gutenberg, hat es Werbung als eine der Komponenten ihrer Anwendung gegeben. Und bereits in der Mitte des 18. Jahrhunderts waren Plakate ein wirksames Mittel der Kommunikation in Frankreich, Deutschland und England. Die Französische Revolution von 1786 und noch mehr die revolutionäre Welle von 1848, die durch ganz Europa rollte, wurden entscheidend beeinflußt durch gedruckte Propagandaschriften und -bilder an den Wänden der Städte und in den Händen der gebildeten Bürger.

Der größte Teil der kommerziellen Kommunikation der vorindustriellen Jahrhunderte ist heute vergessen. Aber wir wissen aus vielen Quellen, daß in den ersten Jahrzehnten des 19. Jahrhunderts die Wände der großen Städte mit kommerziellen Botschaften reich versehen waren.

Erst in der Hälfte des 19. Jahrhunderts wurde Wirtschaftswerbung wirklich wichtig. Sie entwickelte sich schnell als Teil der industriellen Revolution in England und Frankreich und dann in Deutschland und in anderen Ländern Mittel- und Nordeuropas. Zu jener Zeit schien Europa zu explodieren! Die Bevölkerung wuchs zwischen 1850 und 1900 von 250 auf ungefähr 400 Millionen an. Im gleichen Zeitraum wuchs die Anzahl der Städte mit einer Bevölkerung von über 100.000 Einwohnern von 42 auf 183. Darüber hinaus ergossen sich Millionen tatkräftiger Auswanderer aus Europa in weite Teile der Welt und europäisierten sie. Als Aspekt der allseitigen Expansion Europas begann industrielle Massenfabrikation sehr schnell die bisher vorherrschende handwerkliche Produktionsweise zu verdrängen. Die Investitionen, die zur Vorbereitung von Produktion notwendig waren, wurden schnell größer. Das eingesetzte Risiko ließ es weise erscheinen, den Abverkauf von Produkten über weite geografische Regionen vorzuplanen. Einige der neuen Technologien verwandelten die Verkehrsmittel. Eisenbahn und Dampfschiff brachten Nordamerikas reiche Vorratskammern für billiges Getreide an die Türschwelle Europas. Beide Verkehrsmittel lieferten gleichfalls das Rohmaterial für eine explosionsartige Ausweitung europäischer Produktion, die noch größer war als die rapide Bevölkerungsentwicklung. Die neuen Transportmittel beförderten die neuen Produkte, die Europa herzustellen begann, in alle Teile des Erdballs.

1: Frühes
Pariser
Warenhaus
um 1875

Das Realeinkommen in den meisten europäischen Ländern schnellte nach oben. Eine neue Mittelklasse etablierte sich, die mit wachsendem, frei verfügbarem Einkommen die neuen Produkte, die Früchte der atemberaubenden Welle von Erfindungen und Neueinführungen, kaufen konnte. Die durchschnittliche Arbeitszeit verkürzte sich schnell und gab der neuen Mittelklasse die Zeit, die neuen Produkte und Dienstleistungen zu gebrauchen und zu genießen. Mehr Wohnraum für die Massen der Europäer schaffte neue Nachfrage nach Luxus im täglichen Leben wie er vorher unbekannt, unerahnt, unmöglich war.

Große Warenhäuser schossen in allen bedeutenden Städten Europas empor. Sie boten ihre Waren auch den Kunden aus stadtfernen Gebieten an. Dazu brauchten sie werbende Kommunikation mit ihren Kunden außerhalb der Geschäftsräume und außerhalb der Stadt, in der sie ansässig waren.

In wildem Hin und Her zwischen Boom und Rezession während der letzten Jahrzehnte des 19. Jahrhunderts wurde das Warenangebot in England, Frankreich, Deutschland und ihren Nachbarländern so reichhaltig, daß zum Verkauf neue, intensivere Methoden entwickelt werden mußten. „Sales", „Ausverkauf", „Soldes" wurden eingeführt, um große Bestände über den Preis schnell an den Mann zu bringen.

Das frühkapitalistische Wirtschaftssystem der freien Konkurrenz hätte ohne das Handwerk der Wirtschaftswerbung nicht aufblühen können. Ohne Konkurrenz wiederum gäbe es keine moderne Werbung.

Heute, im letzten Viertel des 20. Jahrhunderts, leben die Europäer unter dem Schatten der Wasserstoffbombe in einer zwischen den außereuropäischen Machtblöcken aufgeteilten Welt. Sie leben in einem Zeitalter kulturellen Pessimismus und wirtschaftlicher Nervosität. Sie sind erschöpft von der zweiten Welle technologischer Umgestaltung unserer Gesellschaft, die sie gerade hinter sich gebracht haben. Aus dieser Situation heraus fällt es dem heutigen Zeitgenossen schwer, sich die völlige gesellschaftliche Veränderung vorzustellen, die vor einhundert Jahren, während der ersten, der europäischen, technologischen Revolution stattfand.

2: Der Ausverkauf wurde erfunden

Neue Sitten

Plötzlich, zum ersten Mal in der Geschichte, gab es Mode für die große Mehrzahl der Frauen und nicht nur für die wenigen auserwählten Damen einer Oberschicht. Neue Angewohnheiten verbreiteten sich mit Windeseile. Das Zigarettenrauchen, zum Beispiel, erst bei den Männern, bald auch bei den sich unabhängig gebenden Frauen.

Zum ersten Mal seit der Antike wurde der Sport eine ernstgenommene Angelegenheit der breiten Masse. Als Folge der verkürzten, geregelten Arbeitszeit erfand man den Urlaub am Strand oder auf dem Lande, entfernt von den engen Städten, nicht nur für den Chef, sondern auch für seine Angestellten.

3

3: Mode für die Masse
4: Zigaretten für Damen
5: Zigaretten für Herren

4/5

6

7

6/7: Der Sport

8

THE OPEN ROAD
FRESH AIR AND SUNSHINE

9

BY DISTRICT RAILWAY
THE PLAY OF WINDS
THE PLAY OF WATERS
THE PLAY OF LIFE
SOUTHEND
BOOK HERE
CHEAP RETURN
TICKETS

Neue Produkte

Seife wurde angeboten, mit deren Gebrauch man nicht nur sauber wurde, sondern auch angenehm duftete: Parfüm für die Massen.

Neue Metalle waren plötzlich da. Zum Beispiel billiges Aluminium für viele bisher unbekannte Haushaltswaren. Noch knappe fünfzig Jahre früher hatte Napoleon I. einen Aluminiumlöffel in seinem Feldbesteck als sein kostbarstes Kleinod bezeichnet. Jetzt wurde diese neue Legierung zum Silber des armen Mannes. Man bot billiges Eisen und billigen Stahl für alle möglichen Gegenstände des täglichen Bedarfs an, die bisher selbst Könige nicht kaufen konnten, einfach, weil sie noch nicht erfunden waren.

Dann war das Petroleum da und das Leuchtgas – und schließlich die Elektrizität. Am wichtigsten war langfristig wohl die Erfindung des Automobils. Noch heute, knapp 100 Jahre später, lebt ein Drittel der Bevölkerung der entwickelten Länder Europas direkt oder indirekt von ihm.

Eines der Mittel, das geschaffen wurde, um bestehende Märkte zu entwickeln und neue Märkte zu eröffnen, war die Wirtschaftswerbung. Ihr Gebrauch, wiederum, machte ökonomische Massenproduktion überhaupt erst möglich. Sie wurde zum Motor für die Einführung zahlreicher neuer Produkte und Dienstleistungen.

So wurden im letzten Quartal des vorigen Jahrhunderts die Vorbedingungen für die moderne Werbung in Europa geschaffen. Und der Vorhang konnte sich heben über dem Berufsstand des modernen Werbemannes.

In den Jahrhunderten vor der industriellen Revolution war es die Aufgabe der Wirtschaftswerbung, die wenigen Leute zu erreichen, die das frei verfügbare Einkommen hatten, die beworbenen Produkte zu kaufen. Die moderne Technologie demokratisierte den Wohlstand, und ein breites Angebot von bisherigen Luxusgütern wurde zu Massenprodukten. Dieser Prozess hat sich seither ungehemmt fortgesetzt und wurde weder durch Kriege, Katastrophen, Depressionen noch den aus ihnen resultierenden Kulturpessimismus aufgehalten, zumindest nicht in den Ländern privatkapitalistischer Grundstimmung.

10

11

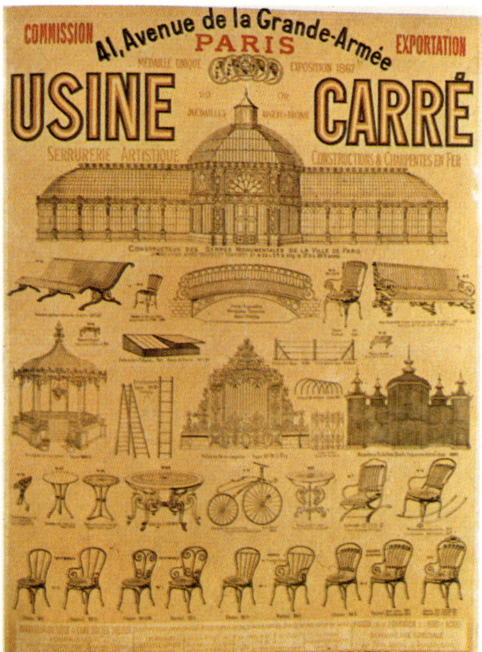

12

10: Markenseife. J. Cheret, 1891
11: Zahnpasta. Manel, 1872
12: Gußeiserne Produkte, um 1860

13: Petroleumlicht, J. Cheret, 1875
14: Elektrisches Licht, L. Bernhard, 1905

13

14

15: Das Automobil-
zeitalter beginnt. Fiat, 1899

Neue Marken für neue Märkte

Aus vielen namenlosen Waren wurden Marken, die auf dem reichhaltiger und undurchschaubarer werdenden Markt durch ihren Namen Qualität und Preis garantierten. Und sie brachten Wiederkäufe, mit denen die in Werbung investierten Mittel schnell und kontrolliert hereingebracht werden konnten.

Viele große Marken bildeten sich um 1870: Nestlé Produkte konnte sich bald jeder leisten. Das gleiche galt für Tetley's Tee und Bahlsen Kekse. Unendlich viele neue Produkte und Dienstleistungen wurden eingeführt. Bisher war Zahnpasta unbekannt. Bald wollte eine hygienebewußte Welt nicht mehr ohne sie leben. Stolz erschienen van Houten Kakao und Thermogene Erkältungstabletten auf dem Markt. Bald gab es auch Knorr und Suchard.

Der neue Bourgeois wurde durch die neue Werbung mit seinen neuen Produkten in Beziehung gebracht und erkannte sich selbst in dramatisierten Situationen des Verbrauchs und der Freude an beiden.

16

17

18

19

20

21

16 - 25:
Neue Marken
erobern neue
Märkte

22

CIOCCOLATTO
GRAN PREMIO
PARIGI
1900
SUCHARD

23

FLEUR D'AVOINE KNORR
MEILLEURE NOURRITURE POUR LES ENFANTS

24

Demandez chez votre épicier
LE CACAO VAN HOUTEN

25

LE THERMOGÈNE
ENGENDRE
LA CHALEUR
ET
COMBAT:
TOUX, RHUMATISMES, POINTS DE CÔTÉ, etc.

Die hinreißende Ouvertüre: La Belle Epoque d'Affiche – *in Paris*

Im Paris der späten siebziger Jahre des vorigen Jahrhunderts gingen moderne, unabhängige Künstler buchstäblich auf die Straße. Statt Schmuck für die Wände reicher Mäzene zu gestalten, begannen sie, die grauen Wände der Stadt zu schmücken. Mehrere der bedeutendsten bildenden Künstler der Belle Epoque wandten ihren Genius dem neuen Medium der kommerziellen Massenkommunikation zu. Ihre bedeutsame Kunst schaffte positive Imagines für Produkte und Dienstleistungen, indem sie diese Themen ihrer Gestaltungskraft dienstbar machten, sie an das Werk anklebten wie Fliegen an den Fliegenfänger. Dieser Prozeß wurde durch erhebliche Verbesserungen in der ja erst 1795 von Senefelder erfundenen Lithographie beflügelt, die damals von England und Frankreich kamen. Die vier bedeutendsten Plakatgrafiker der Periode waren Jules Cheret, Alfons Mucha, Leonetto Cappiello und Theophile Steinlen. Hier präsentiert Cheret, der größte aller Plakatkünstler der großen Zeit der Plakatlithographie, Diaphane Puder. Wir sehen Likör des Tschechen Mucha, dem Vater des französischen Jugendstils und Freund der Schauspielerin Sarah Bernard, die auf seinen Plakaten ihren Ruhm als Schauspielerin lange überlebte. Wir sehen Patentmedizin des in Paris lebenden Italieners Leonetto Cappiello und sterilisierte Milch des Schweizers Steinlen, dem sozialkritischsten Grafiker der Epoche.

Jedes Plakat war eine unabhängige, eigenständige Kampagne. Das Produkt war Sprachrohr des Künstlers, und Gestaltung war noch nicht Medium des Produktumfelds wie heute, da die Werbung kühler und raffinierter geworden ist. Lediglich Jules Cheret erahnte mit feiner Antenne das psychologische Umfeld seiner Produkte.

26: Leonetto Cappiello, 1899
27: Alfons Mucha, 1896

27

26

28: Theophile Steinlen, 1894

29: Jules Cheret, 1890

– und im Deutschen Reich

Bald rollte die Welle der großstädtischen Plakatkunst der Pariser Belle Epoque über in andere Länder, zum Beispiel in das kaiserliche Deutschland. In den letzten zwanzig Jahren vor dem Ersten Weltkrieg feierte die Plakatkunst im Deutschen Reich Triumphe, wie sie die gesamte deutsche Werbung seither nicht mehr erreichen konnte. Wir sehen Audi Automobile von Ludwig Hohlwein, einem der größten Plakatkünstler der Geschichte der Werbung. Wir sehen Opel von Erdt, Stiller-Schuhe von Bernhard, Salamander-Schuhe von Deutsch. Bei den deutschen Plakatgestaltern der Jahrhundertwende haben wir ein wunderschönes Gleichgewicht zwischen freier Gestaltung und begrenzender Disziplin, wie sie zur Markengestaltung nötig ist. Die meisten der hier vertretenen Marken und Markenzeichen bestehen noch heute, siebzig Jahre später.

30: Ludwig Hohlwein, 1912

31: Hans-Rudolph Erdt, 1911
32: Ernst Deutsch, 1912
33: Lucian Bernhard, 1911

31

32

33

Die ersten großen Marken stellen sich vor

Das wirtschaftlich und politisch nüchterne England war die Wiege der ersten industriellen Revolution. Daher wurden Marken im Vereinigten Königreich früher entwickelt als in Frankreich oder Deutschland. Die frühen britischen Marken sind gekennzeichnet durch starke kommunikative Ideen in Text und Bild, die sie zum Verkauf, meist mit Hilfe von Zeitschriftenanzeigen, im ganzen englischen Weltreich geeignet machen sollten. Einige von ihnen leben noch heute. Der freibeuterische, wildwachsende Kapitalismus im England der zweiten Jahrhunderthälfte war oft nicht sehr fein in seinem verkäuferischen Vorgehen. Das beweist das Beispiel von Bovril, einem der größten Marketingerfolge aller Zeiten.

Der wilde Bovril Fleischextrakt

Bovril ist ein Rindfleischextrakt, der noch heute in mehreren Ländern am Markt ist. Er war ursprünglich von einem Schotten entwickelt worden, um die hungernde Bevölkerung des von den deutschen Truppen während des Krieges von 1870/71 belagerten Paris einfach und billig zu versorgen. Bald jedoch gewann Bovril mit größerem Erfolg den Marketingkrieg im eigenen Lande. Die Dramatisierung des Wettbewerbs wurde einer staunenden und kaufenden Öffentlichkeit unterbreitet. Hemdsärmelig - aber nicht ohne Sinn für das Wesentliche an werbender Kommunikation mit dem Leser. Kapitän Stanley war der nordamerikanische Journalist, der an der Spitze einer Suchexpedition den verschollenen britischen Afrikaforscher Livingston im Urwald fand. Bovril reiste mit ihm und Stanley dankte Bovril in dessen Werbung, indem er behauptete, daß er seine ganze Energie Bovril verdanke. Ein frühes „Celebrity Testimonial", die Bürgschaft für ein Produkt durch eine prominente Persönlichkeit. Eingeschaltet wurde diese Werbung in der Sonderausgabe einer Zeitschrift über Stanleys Abenteuer in Afrika. Das sind Beispiele von schneller Reaktion der Werbeleitung und sauberer redaktioneller Integration einer Einschaltung, wie sie noch heute weder durch Verbraucherforschung noch Langzeitstrategie oder Marketingplan wirksam ersetzt werden können. Werbeinstinkt statt Werbewissenschaft.

In anderen Einschaltungen behauptete Bovril, daß es die Substanz des Rindfleisches sei und nicht nur sein Schatten. Lord Roberts war der britische Kommandeur im Krieg gegen den Oranje-Freistaat der Buren. Mit der Richtung seiner Truppenbewegungen schrieb er „Bovril" auf die Karte Afrikas. Und wohl das schönste Beispiel an Bovril-Werbung achtzig Jahre vor der bundesdeutschen Jägermeister-Kampagne: 1896 sagte die Briefmarke mit der Bovril-Queen einem wissenden Verbraucherpublikum Englands genug, nämlich „Bovril". Kein Text, keine Schlagzeile, keine Argumentation war mehr nötig, da der Leser den gesamten Rest hinzufügen konnte.

34: Bovril, eine Großmacht, 1886
35: Bovril und Stanley, 1872
36: Wie Lord Roberts „Bovril" schrieb, 1906
37: Die Bovril-Queen, 1896

34

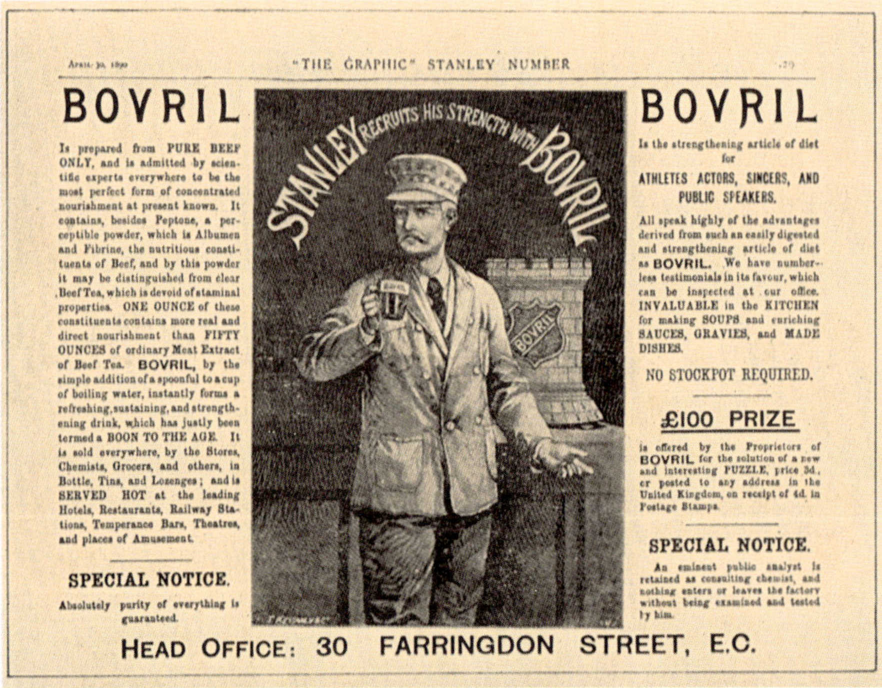

35

36

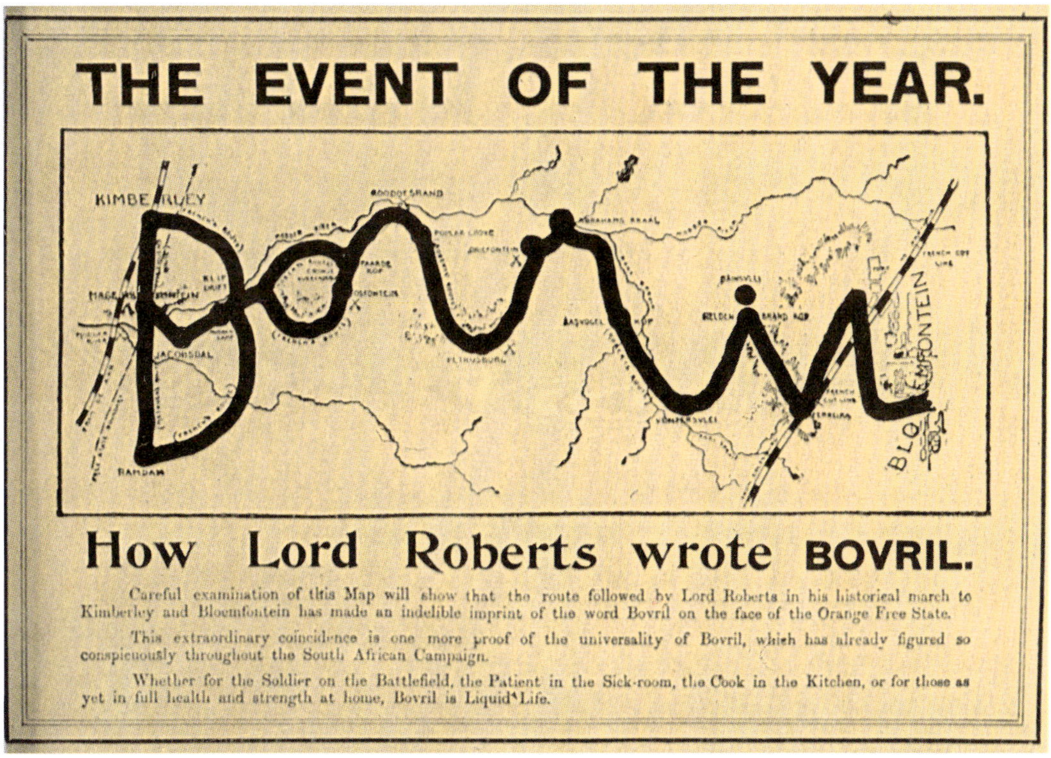
THE EVENT OF THE YEAR.
KIMBERLEY
JACOBSDAL
Bovril
BLOEMFONTEIN
How Lord Roberts wrote BOVRIL.
Careful examination of this Map will show that the route followed by Lord Roberts in his historical march to Kimberley and Bloemfontein has made an indelible imprint of the word Bovril on the face of the Orange Free State.
This extraordinary coincidence is one more proof of the universality of Bovril, which has already figured so conspicuously throughout the South African Campaign.
Whether for the Soldier on the Battlefield, the Patient in the Sick-room, the Cook in the Kitchen, or for those as yet in full health and strength at home, Bovril is Liquid Life.

37

BOVRIL
FOR HEALTH AND
BOVRIL IS THE PRODUCT
OX BEEF
BOVRIL
A1
IY 96

Pears: Die erste Markenseife

Ein anderes Beispiel früher britischer Markenbildung und Verkaufskunst war „Pears" Seife. Sie wurde bereits 1793 eingeführt und gehört mit zu den zwei oder drei ältesten Marken überhaupt.
Pears wird heute noch mit dem gleichen Erscheinungsbild und in der gleichen Form verkauft wie vor 180 Jahren.

Eine Anzeige aus dem Jahre 1884 versprach den bürgerlichen Damen der Zeit reine Haut und schöne Hände. Und der Texter benutzte eine Prominentenbürgschaft wie schon Bovril es tat. Nur in diesem Fall war die Sache delikater. Hinter vorgehaltener Hand, sozusagen, empfahl eine Schauspielerin, Madame Lillie Langtry, das Produkt. Sie war, wie jedermann in England wußte, die Geliebte von Edward, dem Prinzen von Wales. Und sie war ein wahrer Knüller für den Werbeleiter.

38: Lillie Langtry wirbt, 1884

In den frühen achtziger Jahren wurde die Losung „Guten Morgen, haben Sie schon Pears benutzt?” schnell zu einem Teil der britischen Alltagssprache. Die Witzzeichner bemächtigten sich dieses Satzes und, wie heute noch üblich, vollzogen die Krönung einer erfolgreichen Werbekampagne durch ihre Einschaltung in den redaktionellen Teil der Presse. „Seifenblasen” war ein berühmtes Gemälde von Sir John Millais. Es wurde von Pears' Werbeleiter Barneys angekauft und machte Werbegeschichte. Jahrzehnte hindurch wurde „Seifenblasen” mit Pears Seife weltweit identifiziert. Es fügte nicht nur zum Bekanntheitsgrad von Pears hinzu sondern auch zu dem von Sir John. Er war kein Jules Cheret oder Theophile Steinlen. Aber man konnte nicht mit Lithographien an den Wänden einer Großstadt im ganzen britischen Weltreich und in Nordamerika Seife verkaufen.

Zur gleichen Zeit wurde zum ersten Mal die Pears Enzyklopädie veröffentlicht, und zwar auf selbstliquidierender Basis. Sie existiert noch heute und erfreut sich nach über neunzig Jahren großer Beliebtheit in Großbritannien.

39/40: Pears' berühmte Losung, 1889

41: Sir John Millais, 1904

42: Die erste Pears-Enzyklopädie, 1904

Sekt mit Stil: Henkells frühe Jahre

Im Deutschen Reich begannen Wirtschaftsführer wie der Sektkönig Henkell die großen schöpferischen Talente ihres Landes für die Gestaltung der Kommunikation ihrer Marken mit der Öffentlichkeit einzuspannen. Für die Werbung wurde daraus ein bedeutsamer Schritt vorwärts von der Belle Epoque von Paris. Die großen klassischen deutschen Werbegrafiker wie Ludwig Hohlwein schufen eine Verbindung zwischen englischer Verkaufskunst und freiem französischen Esprit und entwickelten damit eine Ehrengalerie deutscher Kunst. Henkell verpflichtete zum Beispiel Alfons Mucha, Albert Klinger, Th. Th. Heine und Olaf Gulbransson. Verschiedene Künstler wurden mit feinem Gefühl für verschiedene Medien ihrer speziellen Tendenz entsprechend eingesetzt. Eine Gruppe von Priestern genießt Sekt in der antiklerikalen Zeitschrift „Simplicissimus". In einer Herrenzeitschrift freut man sich des Sekts als Manöverteilnehmer. In der gleichen Zeitschrift geht Henkell an Sportler. Erster Preis eines Radrennens: Ein Kasten Henkell Sekt. Mehr als viele andere frühe deutsche Marken vermittelte uns die Henkell-Werbung der Jahrhundertwende einen Spiegel der Kultur, der Interessen, Hoffnungen und Ausdrucksformen unserer Großväter und Urgroßväter im Deutschen Reich unter Kaiser Wilhelm II.

43: Knut Hansen, 1905

44: Alfons Mucha, 1903

Illustrirte Zeitung

Leipzig, Reudnitzerstraße 1–7 Berlin W. 9, Linkstraße 20

Nr. 3198. 123. Bd. 13. Oktober 1904.

„Eine schöne Aussicht" von Albert Klinger.

45: Albert Klinger, 1904

46: Olaf Gulbransson, 1907

47: W. Georgi, um 1900

48: Th. Th. Heine, 1907

49: Bruno Paul, 1905

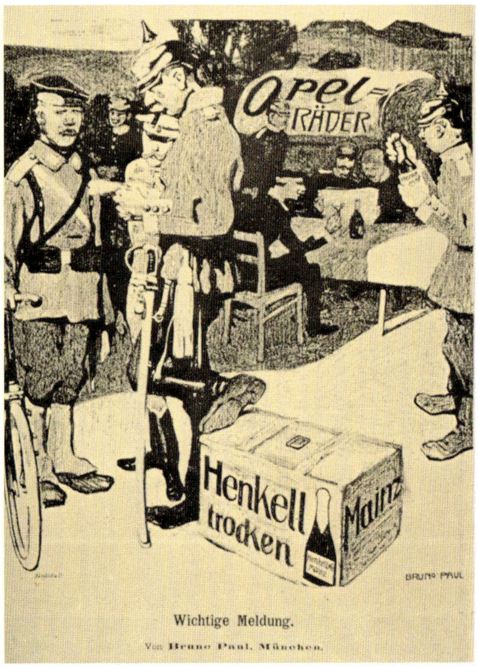

50: Bruno Paul, 1906

Keks macht Kunst: Bahlsens Markenjugend

Herr Bahlsen aus Hannover, der Keksfürst und Kunstmäzen, war der erste, der in Europa lose Kekse in einer Markenpackung abpackte. Wie Henkell verpflichtete er die großen Künstler der Zeit, um seine Marke auf ihre Weise für die Öffentlichkeit zu erklären und zu dramatisieren.

Hier wurde für Bahlsen auch ein großer gelber Riese entworfen, der Jahrzehnte später in den Vereinigten Staaten als „Jolly Green Giant" für Gemüse auferstehen sollte. Der Künstler war Otto Obermeier, um das hannoversche Haus ebenso bemüht wie Heinrich Mittag, der auch die Grundelemente der heute noch benutzten Leibniz-Keks-Packung für Bahlsen schuf, eine der bedeutendsten Leistungen an Packungsgestaltung in diesem Jahrhundert.

Die Kühnheit in Entwurf und Gestaltung, die viele der frühen französischen, englischen und vor allem deutschen Markenbotschaften aufweisen, kann den heutigen Werbemann nur mit Neid erfüllen und ihn nachdenklich machen. Die ungeheuere Größe der Investitionen, die heute für die nationale Werbung einer führenden Marke aufgewendet werden müssen, läßt die meisten Hersteller und ihre Werbeagenturen nach Sicherheit um jeden Preis verlangen. Die Frische und Originalität der Werbung geht zu oft daran zugrunde und macht zuckriger, lächelnder Langeweile in Zeitschrift und Fernsehen Platz, wann immer Werbung in ihnen erscheint.

51

52

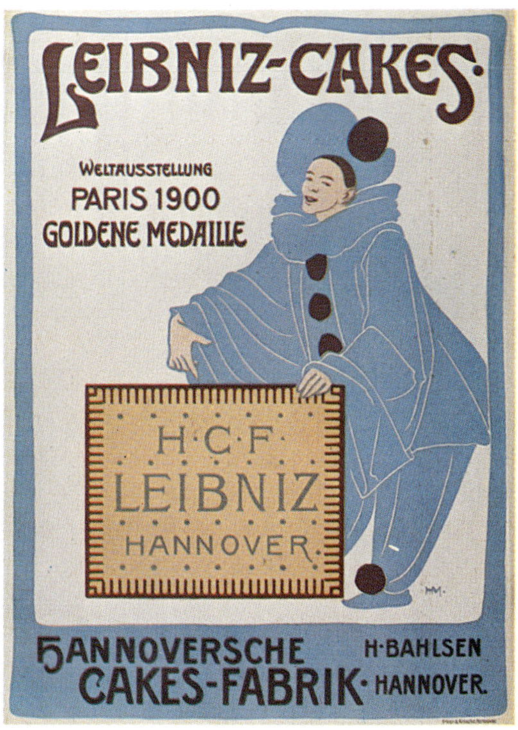

53
54

51: Raphael Kirchner, um 1895
52: Otto Obermeier, 1913
53: Ludwig Hohlwein, 1915
54: Heinrich Mittag, 1900

Das frühe Campari „Manifesto"

Mit einiger Verspätung begannen die nördlichen Provinzen Italiens, sich parallel zu den großen Nationen jenseits der Alpen werblich zu entwickeln. Zwischen 1900 und 1914 zeigte Campari, daß Italien mit Ehren seinen Platz im Kreis der Länder eingenommen hatte, die an dem neuen Europa kulturellen und kommerziellen Wohlstands beteiligt waren. Jetzt wurden italienische Plakatgestalter so gut wie die besten Künstler der Belle Epoque von Paris oder wie die großen deutschen Grafiker. Es war vor allem noch der freie Genius des Künstlers, durch den die Produkte für den Verbraucher interessant wurden. Jedoch war die Botschaft enger an das Produkt gebunden als zuvor bei den großen Grafikern der Belle Epoque in Paris.

55

56
57

55: G. Mora, 1894
56: A. L. Mauzan, 1912
57: L. Cappiello, 1913

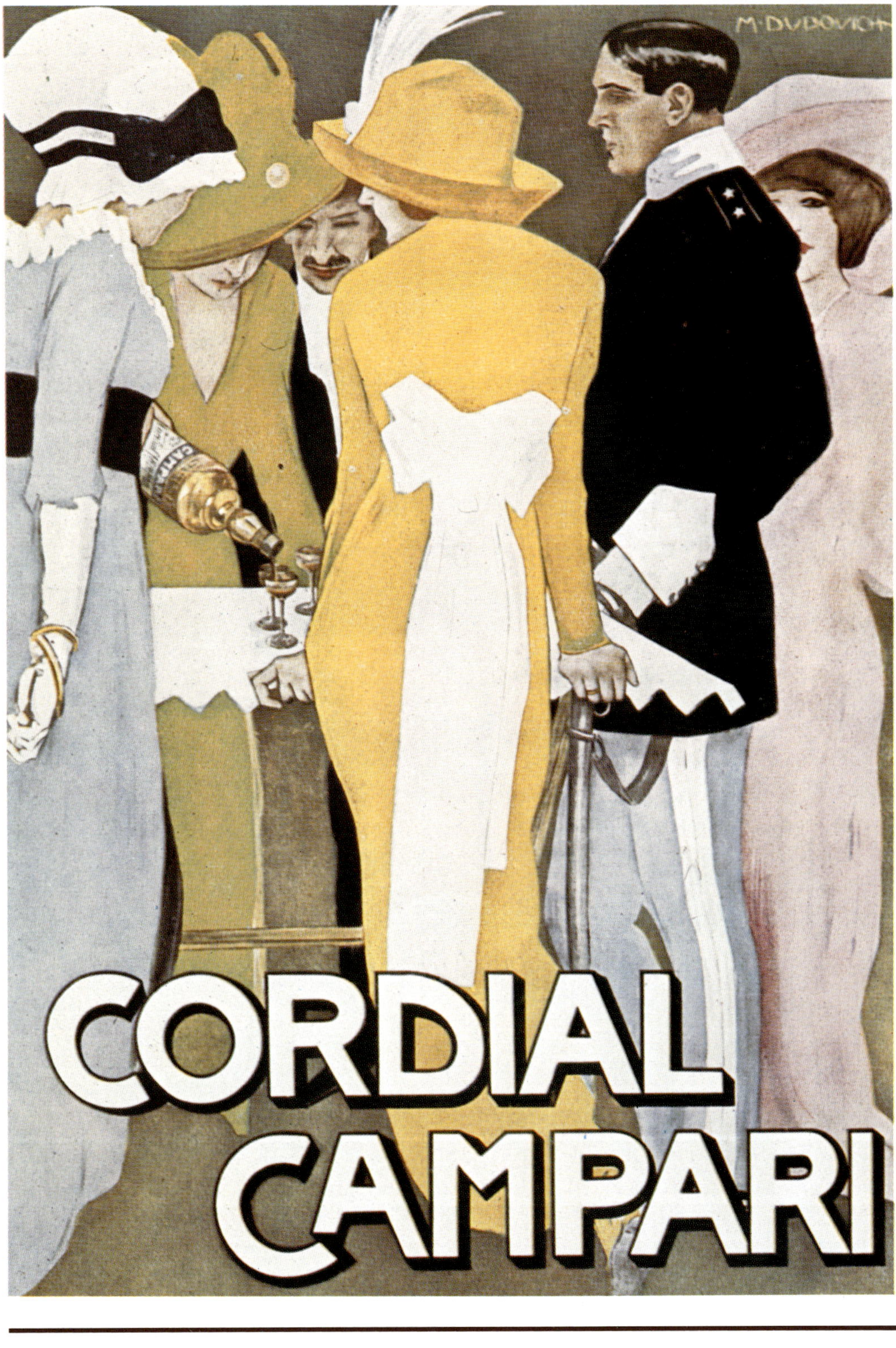

58: M. Dudovich, 1913

59: M. Dudovich, 1900

Statussymbol auf Rädern

Herr Benz erfand das Automobil, und damit ein neues faszinierendes Tätigkeitsfeld für den Werbemann, denn seine Kraftfahrzeuge und die seiner Wettbewerber waren sehr bald voll ausgebildete Marken. Bereits 50 Jahre bevor der Werbepsychologe Dr. Dichter aus Wien in den USA die phallische Symbolkraft des Automobils entdeckt zu haben glaubte, hatte der Instinkt eines von der Werbung beschwingten Künstlers sie in die Benz-Werbung eingeführt. Eine Anzeige kündigte eines der großen Daten der Automobilgeschichte an: Die Vereinigung von Daimler und Benz im Jahre 1906. Der Stil der Botschaft war der des wilhelminischen Deutschlands: kraftvoll, dynamisch und pompös.

60

61
62

60: Frühe phallische Markensymbolik
61: Ludwig Hohlwein, 1906
62: Eheanzeige Mercedes-Benz, 1906

Die Geburt des Waschpulvers

Die deutschen Erfinder des Seifenpulvers schufen 1907 für die Verbraucher der Welt eine der großen Marken dieses Jahrhunderts: Persil. Persil versprach vom ersten Tage an: „Selbst zu waschen in einer einzigen Wäsche, wieder und wieder und wieder. Ohne jeden Schaden für die Wäsche." Einer der großen Augenblicke der modernen Marketinggeschichte: der Großvater aller Waschmittelkampagnen erblickte mit dieser Anzeige das Lebenslicht. Und bereits im Jahre 1911 trug die Persil--Werbung sämtliche Botschaften an die Hausfrau, die seither aus der Seifenecke auf sie herabrieseln. Seit 1911 hat die Waschmittelwerbung im Kern ihrer Argumentation und fast völlig auch in ihren Assoziationen der behaupteten Wirkungsweise der Produkte nichts dazugelernt. Eine verblüffende Nachricht für die vielen Agenturgestalter, die an Waschmittelwerbung arbeiten.

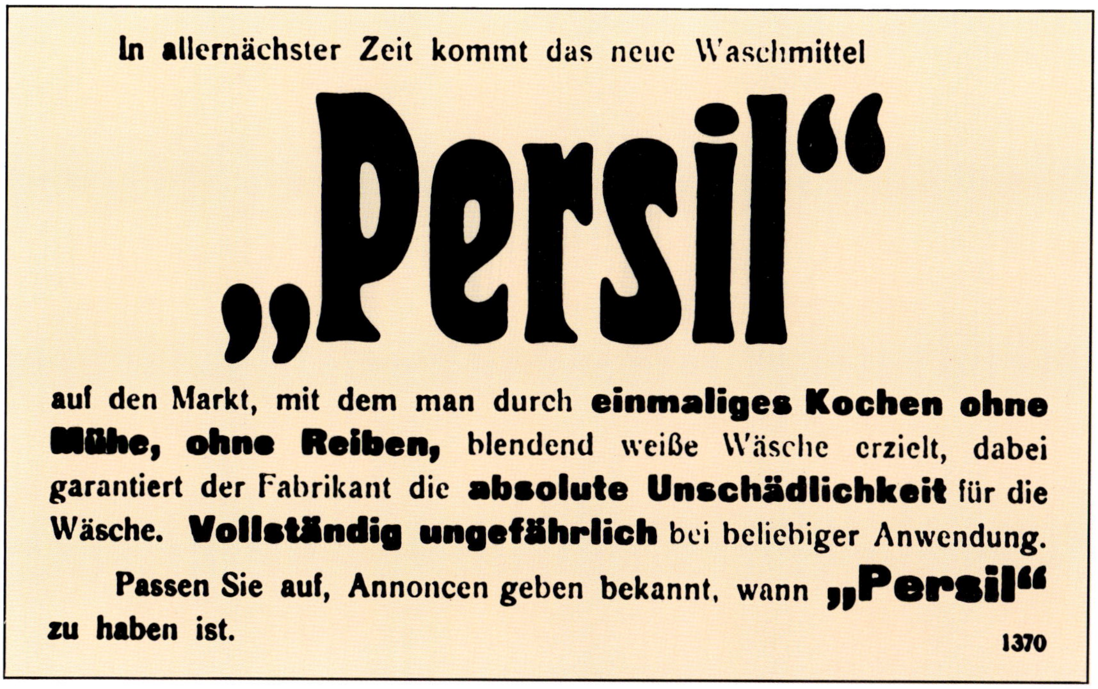

63

64

63: Geburtsanzeige, 1907
64: Früher meisterlicher Text, 1911

Herrscher und Werbung

In erstaunlichem Umfang und in erfrischender Unbekümmertheit wurden die britische Königin und der Papst vor dem Ersten Weltkrieg als Prominentenbürgen bemüht. Heute würde niemand es wagen, solche Werbung zu machen. Aber ihre Werberolle schadete letzten Endes weder dem Staat, noch der Monarchie, noch der Kirche. Der demokratische Staat von heute nimmt sich oft ernster als die hohen Herrschaften von damals es taten.

65: Papst und Pears
66: Papst und Bovril
67: Queen und Sunlicht
68: Queen und Cadbury's

65

66

67

68

Europa vereint am Bierkrug

Am Vorabend des Ersten Weltkrieges war die Werbung Europas weitgehend einheitlich in Stil, Technik, Anspruch und Vorgehensweise. Wenn man die Sprache einer Anzeige vom Deutschen ins Französische übersetzt hätte, oder aus dem Italienischen ins Englische, so hätte sie ohne weiteres in Paris statt in Berlin erscheinen können, oder in Manchester anstatt in Mailand. Und all das war möglich in einer Zeit, in der die großen Marken viel weniger international gesteuert und verbreitet waren als heute und wo die Technik der weltweiten Information und Kommunikationsvermittlung noch in den Kinderschuhen steckte. Die Werbung Europas war zu jenem Zeitpunkt stärker homogen als zu irgendeiner anderen Zeit vor der Mitte der sechziger Jahre dieses Jahrhunderts.

69 - 72:
Bier aus Frankreich, Belgien, Italien und Dänemark

69

70

71

72

Die Linse tritt neben den Pinsel: Erste Werbefotografie

Die Marke Läkerol war im Schweden der ersten beiden Dekaden unseres Jahrhunderts führend auf dem Markt der Erkältungstabletten. Ihre Werbung arbeitete mit Prominentenbürgschaften von Schauspielern und Primadonnen. Läkerol ist eines der schönsten Beispiele der ersten Kampagnen der Werbegeschichte, die als Hauptillustration die Fotografie statt der Grafik benutzten.

73: Primadonnenbürgschaft, 1916

Werbung in der Zwischenkriegszeit

Bei allem Leid, das der Erste Weltkrieg über unseren Kontinent brachte, war seine wohl furchtbarste Wirkung, daß er das Ende des unausgesprochenen Akkords über ein Europa herbeiführte, das vereint war in Stil und Verhaltensweisen, in Werten, Denken und Mode. Der Erste Weltkrieg brachte, zumindest für einige Jahre, das Ende friedlichen Fortschritts.

Daß Werbung in den Händen friedlicher Markenfachleute subtil geworden war, bewiesen Beispiele politischer und moralischer Bearbeitung der Bevölkerung in Schrift, Wort und Bild, sowohl auf seiten der Mittelmächte wie auch der Entente. Sie setzten Methoden ein, die später von den großen politischen Propagandisten wie Lenin und Goebbels genial vollendet wurden. Der Erste Weltkrieg wurde noch nicht als totaler Krieg geführt. Noch waren die Staatsmaschinerien weit von der Perfektionierung der Kontrolle über den Bürger entfernt, die sie dreißig Jahre später besaßen. So war es ihnen unmöglich, die freie Marktwirtschaft Europas in das Kriegsgeschehen zu integrieren.

Bovril konnte mitten im Krieg behaupten, daß die von ihm bekämpften Gefahren aus der Luft in Form von Erkältungen, Grippe und Schnupfen schlimmer seien als feindliche Flugangriffe. In Deutschland schuf Persil das gigantische Walkürenpaket mit „Friedensqualität, die Kohle und Arbeit spart und Wäsche schont", während die schwarz-weiß-roten Reichsflaggen patriotisch im Hintergrund der Anzeigen wehten.

74

75
76

74: Erpressung in England
75: Bovril im Krieg
76: Persil im Krieg

Werbung für die neue Nachkriegswelt

Der Einschnitt im Leben, den der Erste Weltkrieg hervorbrachte, spiegelte sich wieder in der Werbung der frühen Nachkriegszeit. Neue Interessen, neue Leitbilder, neue Produkte, neue Moden, neuer Geschmack, eine weitgehend neue Gesellschaft formte sich schnell und schneller, gleich ob der Krieg verloren oder gewonnen war.

In Deutschland stellte Bahlsen seine Kekse kubistisch und expressionistisch vor. Das Haus bediente sich gleichfalls eines neuen Helden, des amerikanischen Cowboys, der, frisch aus Hollywood importiert, zu sagen schien: „Nimm Kekse, nicht Waffen". Eine deutsche Vorform der amerikanischen Losung „Make love, not war" der sechziger Jahre.

In der Schweiz erschien das Erkältungsdragee „Gaba" in moderner Linolschnitt-Technik mit dem noch heute produkttypischen schwarzen Kopf. „Enos" Fruchtsalz ritt durch England auf der kubistischen Welle, in der Manier der frühen zwanziger Jahre. Der Fleischextrakt „Kub" faszinierte Frankreich auf dramatischem Plakat.

77

78

77: Bahlsenkubismus, 1929
78: Bahlsenexpressionismus, um 1920

79

80

79: Bahlsencowboy
80: Gabasymbolismus
81: Enoskubismus
82: Kubsymbolismus

81

82

Die Persilfrau, Deutschlands Beste

Das Haus Henkel in Düsseldorf bereitete für Persil kurz nach dem Ersten Weltkrieg große Dinge vor. Die englische Tochtergesellschaft von Persil war gerade in den Ententeländern an Unilever übergegangen. Jetzt hob sich bei Henkel der Vorhang zu der Kampagne, welche die wichtigste und längste werden sollte, die es bisher in der deutschen Werbegeschichte gegeben hatte und bis heute geblieben ist: Die „Persilfrau" wurde geboren. Das dramatisierte, verdichtete und verständnisvoll konzipierte Idealbild der deutschen Hausfrau verbreitete sich ab 1920 über ganz Deutschland und begleitete uns bis in die späten fünfziger Jahre. Durch Inflation, neuen Wohlstand, Weltwirtschaftskrise, Drittes Reich, Bombennächte mit Persilkarton, Zusammenbruch mit Persilschein und Spaltung. Sie, die „Persilfrau", trug niemals eine braune oder graue Uniform. Sie kam stets in schönem Weiß daher, in Persilweiß.

Der Verbraucher war eingeladen, die werbende Botschaft selbst zu vervollständigen. Die stolze Werbung eines Marktführers. Die Hauptillustration stellte das Produkt und seine Vorteile vollständig dar. Jahrzehnte hindurch.

In der heutigen komplizierten Arbeitsteilung zwischen den verschiedenen Medien stünde es den Werbeleuten auf beiden Seiten des Atlantik gut an, die geniale Einfachheit dieser großen Kampagne eingehend zu studieren.

Persil
Haben Sie dies Inserat am Himmel gesehen?
Sie finden umstehend einige interessante Angaben über den Flug, die wir Ihrer freundlichen Beachtung empfehlen.

83/84

Persil
Henkel
Persil

85

86

89

90

87

88

91

83 - 91: Kampagne für das ganze Reich

85: 1923
86: 1925
87: 1929
88: 1930
89: 1931
90: 1933
91: 1934

Verso il popolo: Futurismus in Italiens Werbung

In Italien bediente sich der frühe Faschismus Mussolinis der heroisierenden, um Moderne bemühten Kunstrichtung des Futurismus als künstlerischen Ausdruck seines Systems. Unter Mussolini beeinflußte der Futurismus die Werbegestaltung Italiens ebenso wie die Architektur des Landes und die Uniformen der marschierenden Schwarzhemdkolonnen. Ramazotti Grappa warb mit heroischer faschistischer Erotik. Campari mobilisierte für sich den römischen Adler, und Zenith Radiobirnen kamen an die italienischen Radiohörer mit einem patriotischen Kitschengelchen. Kaum jemand ging weiter in seiner Identifizierung mit der neuen Ordnung des Duce als Fiat. Systematisch benutzte Fiat die Symbole des faschistischen Staates wie Zyklopen, Adler, Heroen, Parteilosungen und, als Krönung, einen faschistischen Jungen, der mitten in Friedenszeiten eine Handgranate entsichert, um die Dynamik der großen Fiat Automobile auszudrücken. Über den Geschmack des Futurismus in der Werbung läßt sich ex post streiten. Aber sie war ebenso Spiegel der Zeit, wie der Kubismus der Bahlsen-Werbung Deutschlands Moderne wiedergab. Doch compromiso e compromiso. Gottseidank. Italien war ja nicht nur Diktatur, sondern auch Monarchie. So durfte eine elegante und aristokratisch wirkende Dame per Plakat ihren Fiat Balilla privat und friedlich benutzen. Ein anderer italienischer Autohersteller, Bugatti, entwickelte in den frühen dreißiger Jahren eines der besten Plakate der Zwischenkriegszeit. Man spürte auf ihm förmlich, daß der europäische Kontinent voll war von leeren Straßen.

92

93
94

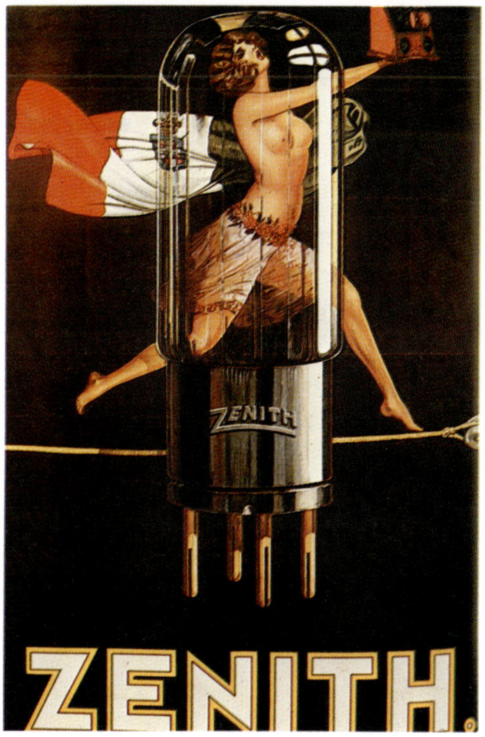

92: Faschistische Erotik
93: Campari mit Adler
94: Engel mit Trikolore

514
FIAT
UN GRANDIOSO SUCCESSO
UN TRIONFO GENTILE
LA VETTURA PLEBISCITARIA DELL'ANNO VIII°

95

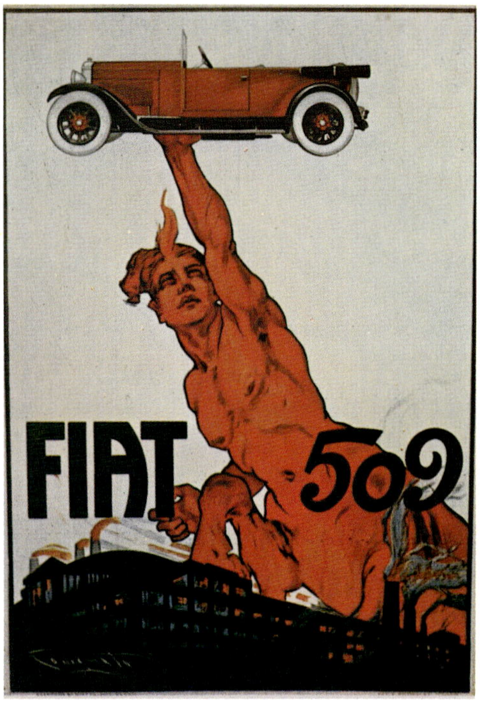
FIAT
509

96

99

FIAT

100

FIAT
La nuova BALILLA
per tutti
eleganza
della Signora

FIAT
PNEUMATICI PIRELLI

97

GIUGNO 1932 (X)
C.C.P. - LIRE SEI
MOTOR ITALIA
BALILLA
VERSO IL POPOLO
BALILLA

98

101

FIAT

102

C'È UNA
BUGATTI
NON SI PASSA !
BUGATTI

Autos, Expresse, Schiffe, Flugzeuge zwischen den Kriegen

Im Vergleich zur Fiat-Werbung unter Mussolini wirkt die Werbung für Automobile anderer Staaten konventionell demokratisch. Wie viele Autohersteller Europas, führte Renault für einige Jahre nach dem Krieg seine Vorkriegswerbung weiter. Die Automodelle und die Mode der abgebildeten Personen wandelten sich mit der Zeit, visueller Stil und Typografie jedoch blieben weitgehend gleich. In den frühen dreißiger Jahren aber begann Renault mit dem Einsatz von Fotografie und Fotomontage und fügte damit eine neue, emotionale Dimension zur Autowerbung hinzu. Dadurch wurde die Renault-Werbung jener Tage interessanter als die vieler anderer Autohersteller Europas. Beide, Fiat und Renault, verkauften mit Hilfe ihrer Werbung viele Kraftwagen an die Mitglieder ihrer Zielgruppen. Der Unterschied zwischen ihren Kommunikationsstilen spiegelt den Unterschied zwischen den Staatsformen ihrer Länder wider. Mercedes-Werbung reflektierte das „Directoire" der mittleren Zwanziger Jahre im Deutschen Reich.

103: Renault um 1930

104: Mercedes-Benz, 1928

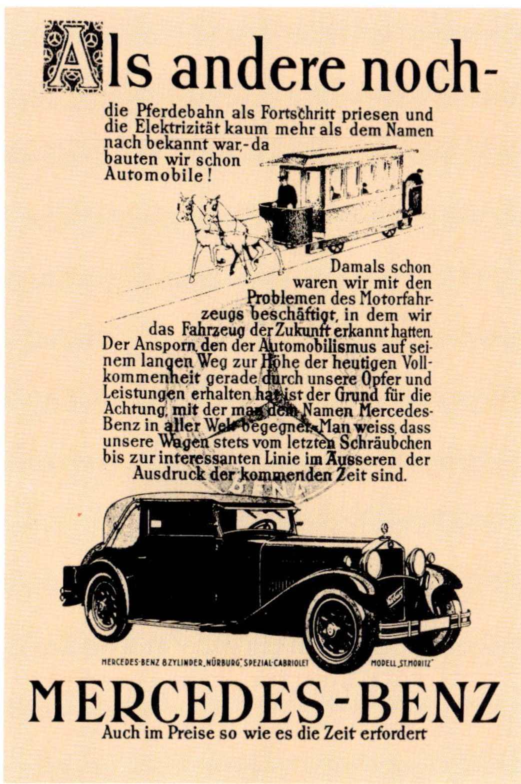

Europas Straßen werden voller

Die wachsende Verbreitung von Auto und Motorrad verlangte nach einem immer dichteren Netz von Tankstellen an Europas Straßen. Die großen Öl-Multis traten in die Reihen der werbenden Wirtschaft ein. „Das ist, das war Shell" wurde an den Landstraßen Englands plakatiert, um Shell als Verbrauchermarke aufzubauen. Aber Shell tat mehr als lediglich die eigene Benzinmarke mit englischem Humor zu humanisieren. Shell sagte auch: „Du gehst sicher mit Shell", eine noch heute verwendete Zeile und eine der großen Losungen der Marketingwelt. Ursprünglich wurde sie illustriert mit visuellen Reflektionen bedeutender Künstler über Großbritannien.

105

106

107

106/107: Graham Sutherland

Die große Zeit der großen Expresse

Während die großen Zeiten des Automobils und des Flugzeugs erst noch kommen sollten, waren die Eisenbahnen in den zwanziger Jahren auf der Höhe ihrer Bedeutung für den Passagierverkehr, ja als Statussymbol für Reisen überhaupt. Der rote Teppich für Staatsmänner wurde damals nicht auf Flughäfen, sondern auf den Bahnhöfen ausgerollt. Es war die große Zeit der großen Expresse, die den ganzen Kontinent durchkreuzten. Europa war ja damals noch nicht nur „Westeuropa", sondern schloß ganz Deutschland, das Baltikum, Polen, den Balkan voll mit ein. Cassandre warb für die großen Expresse auf wunderbaren Plakaten, von denen wir Beispiele aus England und aus Frankreich ausgewählt haben. Zwei andere Plakate aus Frankreich für Wagons Lits und Wagons Bars und zwei berühmte englische Plakate der dreißiger Jahre geben den Zauber der großen Zeit der Eisenbahn wieder.

108:
A. M.
Cassandre

109

110

109/110:
A. M. Cassandre

111

112

113

112/113:
A. M. Cassandre

Die große Zeit der großen Atlantikschiffe

Um den Kreis der Verkehrsmittel der Zeit zu vervollständigen: Der Stapellauf des Luxusschiffes „Normandie" wurde mit einem Plakat eines der großen Gebrauchsgrafiker Frankreichs verkündet. Dieses Plakat schmückt noch heute die Wände von Museen und Privatsammlern. Die „Julius Cäsar" verkündete den Ruhm des neuen „Imperium Romanum" mit einem dynamischen Plakat. Cunard Line, die Königin der Schiffahrtslinien, bezauberte mit einem Plakat, auf dem die QE I in den Hafen von New York einläuft.

114

115

116

114: A. M. Cassandre
115: G. Minenzio
116: K. Shoesmith

Geburt des Luftlinienplakats

Nur zwanzig Jahre nach dem Eintritt des Automobils in die Werbewelt klopfte das nächste revolutionäre Verkehrsmittel an die Türen der Gestaltungsleute: das Flugzeug. KLM, die Koninklijke Luchtvaart Maatschappij, war die erste kommerzielle internationale Fluglinie der Welt. Sie benutzte die Kunst und das Handwerk der Werbung vom ersten Tag ihrer Gründung an. „Der fliegende Holländer" aus Richard Wagners Oper wurde zum überzeugenden und stimmigen Symbol der Fluglinie Hollands und seiner königlichen Familie. Heute noch verwendet, erschien er zuerst in der Werbung als Zentralfigur einer der faszinierendsten Verkehrsmittelkampagnen der zwanziger Jahre. Der fliegende Holländer der KLM läutete die Geburtsstunde des modernen Fluglinienplakats ein, wie es noch heute als weltweites Werbemittel besteht. Die Flugzeugtypen veränderten sich, die Zielorte rückten weiter vom Startort weg, die Flugzeiten verringerten sich, doch das Grundformat dieser ersten Plakate blieb erhalten.

Auch die Lebensmittelwerbung entdeckte das Flugzeug für ihre Werbung. Im Jahre 1928 wurde der Atlantik zum ersten Mal von Ost nach West überquert. Bahlsen vergaß nicht im Art-Deco Stil mitzuteilen, daß seine Leibniz-Kekse die dreiköpfige Besatzung auf ihrem großen Abenteuerflug verpflegten.

ROYAL·DUTCH·AIR·SERVICE·C^Y
HN
ABE
HNABE
THE FLYING DUTCHMAN
FICTION BECOMES FACT
PRINTED IN HOLLAND

117

118

ROYAL DUTCH
AIR LINES
H-NKLM
SEE TWICE AS MUCH OF
EUROPE
IN HALF THE TIME

119

PH-KLM
K.L.M.
AMSTERDAM - BATAVIA v.v.
WEKELIJKS
POST - PASSAGIERS - GOEDEREN

120

LEIBNIZ-
KEKS
PROVIANT FÜR DIE AMERIKAFLIEGER
H·BAHLSENS KEKS-FABRIK A·G· HANNOVER

121/122

KONINKLIJKE LUCHTVAART
MAATSCHAPPIJ
KLM
De Vliegende Hollander
Eens LEGENDE-thans WERKELIJKHEID

K·L·M
KÖNIGLICH HOLLÄNDISCHE
LUFTFAHRTGESELLSCHAFT
„Der Fliegende Holländer"

Große Werbungszeit in Spanien

Ein interessantes Phänomen europäischer Werbung ist bisher relativ unbeachtet geblieben. Es handelt sich um die großartigen Leistungen spanischer, vor allem katalonischer Werbung zwischen dem Ersten Weltkrieg und dem Beginn des Spanischen Bürgerkriegs 1936. Anfang der zwanziger Jahre begann in Spanien, finanziert durch gemeinsame Bemühungen der Privatwirtschaft und des Wirtschaftsministeriums, eine echte Belle Epoque spanischer Plakat- und Anzeigenkunst. Sie gleicht dem Besten, was französische Künstler vor der Jahrhundertwende in Paris an Werbung schufen. Die meisten Hersteller, Drucker und Künstler dieser beschwingten Werbung arbeiteten in Barcelona, wo heute noch fast so viel an Werbungsumsatz geschaffen wird, wie in der kühleren und reservierteren Hauptstadt Madrid. Kampagnen für „Heno" Seife, für „Gal" Seife und -Shampoo sowie „Aneja" Kölnisch Wasser beschämen an eindringlicher Verdichtung und mitreißendem Stilgefühl das meiste an heutiger Werbung für solche Produkte. Eine elegante Dame, deren Schönheit durch „Gal" Schönheitsmittel akzentuiert wird, hält auf einem der letzten Plakate dieser großen Werbewelle den Madrider Großstadtverkehr auf. Erst denkt der Betrachter an das spätere berühmte dänische Plakat für Touristenwerbung, in der eine Entenfamilie den Verkehr Kopenhagens aufhält (aha, wieder die Reprise einer großen Idee!), doch dann sieht er Wichtigeres: Die Jahreszahl 1936 zu Füßen der Dame. Der Beginn des Spanischen Bürgerkrieges beendete Barcelonas Belle Epoque.

123 - 126: Seife Heno de Pravia

127

127: Gal Haarwasser

128: Gal Puder

129: Gal Parfüm

130: Gal Linie
131: Gal Haarwasser
132: Aneja Cologne
133: Gal Linie

130
131/132

133

Gestaltungspause für Deutschlands Wirtschaftswerbung

Das Deutschland des Dritten Reiches wurde mit Flutwellen mitreißender und überzeugender politischer Progapanda geschaffen und gelenkt. Das begann mit Symbolen wie dem Hakenkreuz und wurde mit laufenden Propagandaanstößen fortgeführt. Die Wirtschaftswerbung jedoch wurde von der braunen Führung viel weniger beeinflußt als die italienische Werbung während der Mussolini-Zeit. In zunehmenden Maße abgeschnitten von den Entwicklungen draußen in der Welt, erschienen die meisten Wirtschaftsanzeigen flach und die Plakate steril. Der neugeschaffene Reichswerberat in Berlin konnte zwar den Werbungsmarkt wirtschaftlich regeln, aber den freien schöpferischen Prozess nicht künstlich am Leben halten. Auf der anderen Seite zeigte die politische Propaganda, die zum ersten Mal in der Geschichte von einem eigens für sie geschaffenen Ministerium entwickelt wurde, unter ihrem Minister Goebbels faszinierende Leistungen. Ohne sie wäre das System sicher weder an die Macht gekommen noch hätte es sich lange halten können. Doch die politische Propaganda im Dritten Reich der Nazis gehört nur insofern zum Thema dieser Übersicht als sie den Gang wirtschaftlicher Werbung beeinflußt hat.

134: NS-Politwerbung

135: NS-Politwerbung

136: Bahlsen, 30er Jahre

137: L. Hohlwein für Lufthansa, 1936

Die Anglifizierung des Bierhumors

„Guiness Stout" wurde bereits seit dem späten 18. Jahrhundert gebraut. Doch es dauerte bis in die dreißiger Jahre unseres Jahrhunderts, bevor die Guiness-Brauerei mit Hilfe einer berühmt gewordenen Partnerschaft zwischen einer Werbeagentur und der Werbeabteilung begann, Werbegeschichte zu machen. Guiness positionierte seinen Produktvorteil anders als die meisten Konkurrenzbiere: bei der Stärke, die sich für den starken und einfachen Mann eignet. Das Bier wurde also soziologisch bei der breiten Masse und nicht bei Leitbildern „oben" verankert. Diese Art der Verbraucheransprache machte Guiness zu einer der großen Biermarken der modernen Welt. Bildunterschriften und Losungen auf Plakaten und Anzeigen verdeutlichen die Botschaft der jeweiligen Illustration. „Guiness gibt Stärke", „Meine Güte, mein Guiness", „Guiness ist richtig gut für Dich".

Für den Werbemann sind diese Losungen so erfrischend wie der Genuß eines Guiness selbst.

138

139

140

141

Bovril mit klarem Produktargument

Für Bovril wurde in den dreißiger Jahren die große Losung endeckt, die noch heute in England in jeder Munde ist: „Bovril besiegt das sinkende Gefühl". Auch Bovril arbeitete jetzt mit einer Werbeagentur zusammen. Vielleicht konzentrierte sich der Hersteller deshalb wie Guiness auf einen bestimmten, klaren Produktvorteil der Marke, statt, wie auch vor dem Ersten Weltkrieg, lediglich allgemeine, wechselnde Botschaften über das Produkt an den Verbraucher zu bringen.

142

BOVRIL
BOVRIL
MANUFACTURED BY
BOVRIL LTD. LONDON
ENGLAND.
Prevents that sinking feeling

143

The meaning of "that sinking feeling"
You get "that sinking feeling" when you are cold, tired and exhausted. Your defensive forces are at their lowest: germs get their chances: you need the extra protection of Bovril.
Make Bovril part of your daily life this winter. Take it regularly and especially when you are cold and tired. One cup of Bovril gives initial strength: its value is multiplied by taking it regularly. For Bovril combines in scientific and concentrated form the nourishing and vitalising powers of beef which build lasting strength and resistance to infection.
BOVRIL
prevents that sinking feeling

Resümee zweier Jahrzehnte

Die Werbung Europas während der Jahre zwischen den Weltkriegen war weniger einheitlich als die Werbung der letzten zwanzig Jahre vor dem Ersten Weltkrieg. Doch Inflation und Wirtschaftskrise, technologischer Fortschritt und Innovationen wurden von der großen Mehrheit aller Europäer außerhalb der Sowjetunion gemeinsam erlebt. Ganz Europa war fasziniert von den Fortschritten an Fotografie, erlebte die Filme von Babelsberg und Hollywood, die Wechsel in der Mode an Kleidung und Haarschnitt, wie sie von der „Persilfrau" getreulich registriert wurden. Sie tanzten nach der neuen Musik, beklatschten den Jazz und traten mit dem Radio in das elektronische Zeitalter ein. Wegen den allgemein eingeführten Restriktionen für den Kauf fremder Währungen gab es weniger private Reisen als sie technologisch möglich gewesen wären. Politische Krisen, die den Kontinent erschütterten, verhinderten das volle Nutzbarmachen tatsächlicher technologischer Innovationen für die Masse der Europäer. Aber trotz allem ging Europa eben doch als Einheit in den Zweiten Weltkrieg, der trotz allem ein Bürgerkrieg war. Das kann man heute auch der Werbung jener Jahre entnehmen, wenn man sie systematisch analysiert.

Viele Marken Europas wurden in den letzten Jahren zwischen den Weltkriegen bewußter verbrauchergerecht. Ein Prozeß der Gewöhnung aneinander und auch wachsenden Markenwissens bei den Herstellern und Werbefachleuten hat dazu geführt. Zumindest teilweise war diese Entwicklung das Ergebnis des Einflusses von Werbeagenturen auf den Vermarktungsprozeß: Werbeagenturen begannen in der Werbung ihre Rolle als Lobbyisten der Endverbraucher zu spielen. Marktforschung und vollberufliches Werbetexten hatten begonnen, ihren Stempel auf der Werbung zu hinterlassen.

Die mageren Jahre nach der Katastrophe

Während des Zweiten Weltkriegs überschattete politische Propaganda naturgemäß die wenigen erlaubten Rudimente friedlicher Wirtschaftswerbung. Beide waren fast ohne Ausnahme weniger originell als im Ersten Weltkrieg – und zwar auf beiden Seiten der Kriegsgegner. Der Hammer der Wiederholung schien die Brillanz der Ideen ersetzt zu haben.

Auch nachdem die Sache der Alliierten gesiegt hatte und Werbung wieder dem friedlichen Wettbewerb und der Wirtschaft zu dienen begann, blieb Europas Werbung blaß und erschöpft in Text und Grafik. Nichts an ihr glich der großartigen Explosion künstlerischer Experimente und künstlerischer Befreiung nach dem Ersten Weltkrieg. Im westlichen, dem freigewordenen Teil Deutschlands, wärmte Henkel die alte „Persilfrau"-Kampagne auf. Aber sie war müde geworden. Renaults „Dauphine" war sicher ein gutes Auto, und viele Leute konnten sich einen „Dauphine" zum ersten Mal in ihrem Leben leisten. Doch die Werbung für diesen netten kleinen Wagen war kleinbürgerlich und eklektizistisch, ohne jenen Funken französischer Brillanz früherer Renault-Werbung. KLM-Werbung war gleichfalls in den zwanziger Jahren viel bedeutender gewesen. Die europäischen Plakate hatten sich meist von der Ambiance der Produkte entfernt, für die sie werben sollten. Ihre Gestaltung erschien eingefroren, selbst bei den Medaillengewinnern jener Jahre.

Europas Werbeagenturen und werbende Industrien waren reif geworden für die Invasion moderner amerikanischer Werbeorganisation und amerikanischer Gestaltungskraft, die im Gefolge von Marshallplan und riesigen Kapitaleinflüssen den Westteil des europäischen Kontinents zu erobern begannen. Die Anfänge des europäischen Gemeinsamen Marktes boten der europäischen Werbung weitere neue Möglichkeiten der Neuentwicklung.

144/145

146/147

144/145:
Das Ende der alten Persilfrau, 1948

146/147:
KLM fliegt wieder, 1950

148/149: Preisgekrönte Schweizer Plakate, 1949

150: Renault Dauphine, 1953

Umwälzung

Die frühen sechziger Jahre brachten den meisten europäischen Ländern eine neue Medienkombination: Fernsehen, Funk, Anzeigen, Plakate. Sie brachten das System von Agentur- und Kundeninteraktion, das noch heute besteht. Sie sahen Verfeinerungen in der Methodik von Werbeforschung und Werbeplanung, die das Risiko der Investition für den Hersteller reduzierten. Die Werbung begann den Abbau nationaler Barrieren in Westeuropa widerzuspiegeln, sicher sogar aktiv an ihm mitzuwirken.

Vor allen anderen Ländern war Deutschland jahrzehntelang vom Rest der Welt isoliert gewesen. Jetzt überkam die große weite Welt das deutsche Land. Sie fand ihren Duft in einer Zigarette mit einem unaussprechlichen Namen: „Peter Stuyvesant". Sie wurde zu einem ungeheuren nationalen Erfolg. Deutsche, die den Namen der Zigarette nicht aussprechen konnten, fragten im Geschäft einfach nach dem „Duft der großen weiten Welt" und bekamen ihr Päckchen Peter Stuyvesant.

Ein aus Berlin nach Essen umgesiedelter deutscher Agenturmann schuf für „Coca Cola" mit „Mach mal Pause" eine Losung, die als „The Pause that refreshes" in den Sprachschatz der ganzen Welt einging. Er wurde reich damit.

151: Der Duft der großen weiten Welt, 1959
152: Eine Losung für die weite Welt, 1956

151

152

Das neue Persil

„Persil" wandelte auf neuen Pfaden. Das Produkt wurde dramatischer im lauteren Fernsehzeitalter und klarer auch in der Anzeigenwerbung.

Henkel und Unilever nehmen an, daß diese Veränderung „Persil" in seinen zwei europäischen Hauptmärkten nach siebzig Jahren immer noch Marktführer bleiben ließ, obwohl der amerikanische Waschmittelgigant Procter & Gamble inzwischen in Europa Wurzeln gefaßt und Marktanteile erobert hatte.

153/154:
Persil Neueinführungen;
Deutschland 1950,
England 1959

153

154

Das neue Schweizer Plakat

Im Plakatsektor waren es in den sechziger Jahren vor allem Schweizer Grafiker, die bedeutsam zur Wiedergeburt inspirierter europäischer Werbegestaltung beitrugen. Die Namen Leupin und Brun sind auch vielen Werbelaien heute noch ein Begriff. Schweizer Plakate der sechziger Jahre brachten zum Beispiel Pop-Getränke in Pop-Kunst an junge Leute und sprachen sie so in ihrer Sprache an.

155:
Sinalco,
1968

Der Düsenflug

Eine dramatische Veränderung in unserem Zusammenleben begann mit der Einführung der Düsenmaschine in den kommerziellen Linienverkehr 1956. Damit wurden der Eisenbahn und der Schiffahrt der Personenverkehr über große Entfernungen genommen. Von Jahr zu Jahr mehr wurde Flugtourismus zum Massenmarkt. Es wurde eine neue Aufgabe für die Werbung, fast jeden im freien Europa anzusprechen, weil fast jeder es sich leisten kann, im Düsenflugzeug in den Urlaub zu fliegen, und sei es auch per Charter. Im Zeitalter des „Reisens mit der Düse" wurden Bequemlichkeit und Dienstleistungsqualität zu wichtigen Elementen der werbenden Luftlinienbotschaften. Duch Werbung wurden die Luftlinien zu Marken für den Massengebrauch. Qualitäten wie Bequemlichkeit, Pünktlichkeit, Kundendienst traten gleichberechtigt neben Zielort, Preis und Urlaubsvorschlag.

156: Marlene Dietrich im Zeitalter des Düsenfluges

157: Flugtourismus als Massenmarkt

Die große Fotografie

Seit dem Krieg trat der Fotograf mit seinem Register der praktisch unbegrenzten Darstellungsmöglichkeiten der Farbfotografie an die Stelle des Zeichners und Malers und verdrängte beide praktisch aus der Werbung. Ein großer Fotograf der heutigen Zeit kann ebenso ästhetische und psychologische Faszination zu einer Werbebotschaft hinzufügen, wie die genialen französischen und deutschen Plakatkünstler früherer Jahrzehnte. Vielleicht sogar noch ein Quentchen mehr als jene. Aber leider gibt man ihm so selten die Chance dazu, denn Werbung verkauft die meisten Produkte des neuen Wohlstands auch ohne Spitzenleistung an Gestaltung.
Aus einem einzigen bildenden Künstler wurde in der Werbeagentur eine ganze Mannschaft für Gestaltung: Der Kreativdirektor oder ein Gruppenleiter schreiben „Strategie" und Texte für ein Produkt, der Grafiker (Art Direktor genannt) zeichnet die Standskizze (Layout) einer Anzeige, der Typograph übernimmt den Satz, über eine Kunstkauf-Abteilung (Art Buying) wird ein Fotograf besorgt und so weiter. Der hochspezialisierte Grafiker der Agentur selbst ist oft nicht in der Lage, mehr als eine grobe Skizze zu zeichnen. Für die etwaige zeichnerische Endausführung einer Anzeige wird er deshalb über die Kunstkaufabteilung der Agentur einen freien Grafiker anheuern. Europas Werbung wurde nach dem Einzug der amerikanischen Großagenturen zur Industrie. Man kann das mit Blick auf die großen schöpferischen Einzelleistungen von Europas Grafikern während der letzten einhundert Jahre bedauern, ändern kann man es nicht.
Die Werbeaufwendungen in den Ländern der EWG (ausschließlich Englands) erhöhten sich von 1956 bis 1976 um mehr als 700 Prozent.

158: Elizabeth Arden, 1975

Bedeutsame Werbung im heutigen Europa

Heute ist der freigebliebene Westen, Norden und Süden Europas ein wichtiger Teil des großen Marktsystems der freien Welt. In der Werbung der Welt führt Europa wieder bei der Gestaltung von Anzeigen und Plakaten. Die USA hingegen sind klar besser in der Werbung über die elektronischen Medien Fernsehen und Radio.

Die aus der Gegenwart ausgesuchten Beispiele europäischer Werbung in den „Gutenberg"-Medien haben praktisch alle jenen Funken an Gestaltungskraft in Bild und Text, der selbst eine Verkaufsbotschaft im kulturell signifikanten Vorraum oder manchmal sogar im regulären Musensaal der Kunst Einlaß verschafft.

159: Rochas, 1976

Die Volkswagenwerbung brachte uns die Umkehrung des Statussymbols von groß auf klein. Diese Idee wurde ursprünglich aus den USA importiert; sie wurde dann jedoch auf die Spielregeln der neuen europäischen Wohlstandsgesellschaft übertragen, deren politische, psychologische und ökologische Grenzen den Europäern in den späten sechziger Jahren bewußt wurden. Renault demonstrierte in England die fahrerfreundliche, verkehrspraktische Form seiner Modelle in sehr persönlichen, beinahe intimen Worten und Bildern. Renault sprach auch über die Tatsache, daß der Verkehr heute dumm und gefährlich sei, Renault 5 jedoch intelligent ist. Und Renault brachte auch den Beweis für diese Behauptung, warum das so sei, und zwar mit guten, klaren Argumenten. Das Produkt wurde hier zum Helden gemacht. Renault diskutierte in England mit potentiellen Käufern als erwachsene, vernünftige Bürger, indem es sich mit den Problemen des Autofahrers identifizierte und Wege zu deren Lösung aufzeigte.

160: Volkswagen, 1964

161: Volkswagen, 1971

162: Renault, 1974

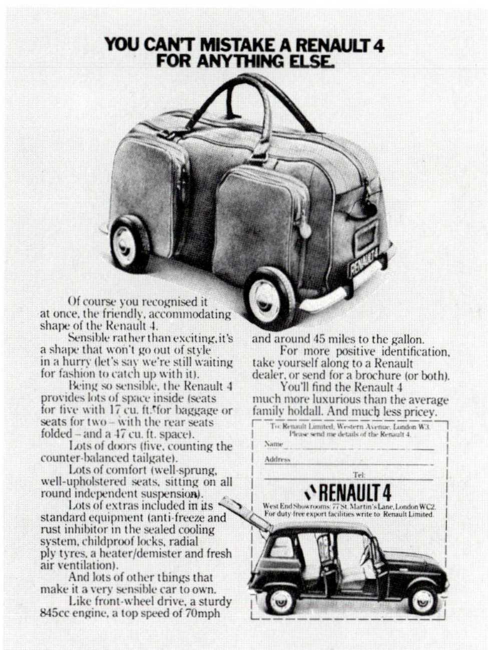

163: Renault, 1975

Warum es sich lohnt, Mercedes zu fahren

Mercedes Benz, das stolze Statussymbol europäischer Autobahnen und Firmengaragen, eröffnet einen logischen und sachlichen Dialog mit dem Leser, ohne dabei zu vergessen, die eigene Schönheit vorzuzeigen.

164/165: Mercedes-Benz, 1975

Vernünftige Bahnwerbung

Nachdem sie zwei Jahrzehnte im Schatten der Fernsehwerbung standen, scheinen seit Mitte der siebziger Jahre die Anzeigen in Zeitschriften und Tageszeitungen wieder mehr Einfallsreichtum und Eleganz zu zeigen. Eine steigende Zahl von Botschaften in den gedruckten Medien sind, das Hämmern dem Fernsehen und Radio überlassend, zu direkter, persönlicher Kommunikation mit dem Leser übergegangen. Vielleicht bahnt sich ein neuer Frühling der Anzeigenwerbung an, über den ja auch in den Vereinigten Staaten seit einiger Zeit gesprochen wird. Dort sind Zeitschriften wieder zum Leben erweckt worden, die im letzten Jahrzehnt vom Fernsehen erdrückt wurden. Titel wie „Look" und „Life" erscheinen wieder. Beispiele für jene direkte und stilvolle europäische Werbung mit Anzeigen sind Eisenbahn-Botschaften, eine aus Deutschland, die andere aus Italien, die für unsere Sammlung ausgewählt wurden.

166: Bundesbahn, 1976

167: F.S., 1977

Die neue, freie Moral Europas

Im letzten Viertel des 20. Jahrhunderts leben wir inmitten einer dritten technologischen und kulturellen Umwälzung, deren Tiefe und Ausmaße denen der industriellen Revolution des 19. Jahrhunderts nicht nachstehen. Man hat sie die post-industrielle Revolution genannt, die Dienstleistungs-Revolution, die Freizeitwelle, den Beginn des elektronischen Zeitalters. Sicher werden die Europäer zwei oder drei Generationen nach uns aus größerer Entfernung die passende Definition zur Hand haben für die Kräfte, die Werte und Umstände, die unser Leben so grundsätzlich verändern. Einer der Aspekte, die uns bereits heute bewußt sind und die sich in der Werbung unserer Zeit widerspiegeln, ist die neue, freiere Moral in unserem Zusammenleben. Sie gewährt neue Dimensionen für die Entwicklung von kommerziellen Botschaften über bisher „unaussprechliche" Produkte. Beispiele dafür sind „Rosy" Büstenhalter und „Mary Quant" Kosmetik sowie „Hom" Herrenunterwäsche. Die neue freie Moral ermöglicht auch den Herstellern von Damenbinden, offen und direkt mit ihren weiblichen Verbrauchern zu sprechen, ohne dabei geschmackliche und moralische Tabus zu übertreten. Und selbst Unilevers Seife „Atlantik" verzichtet nicht auf nackte Brüste, um Erfrischung von Kopf bis Fuß auszudrücken.

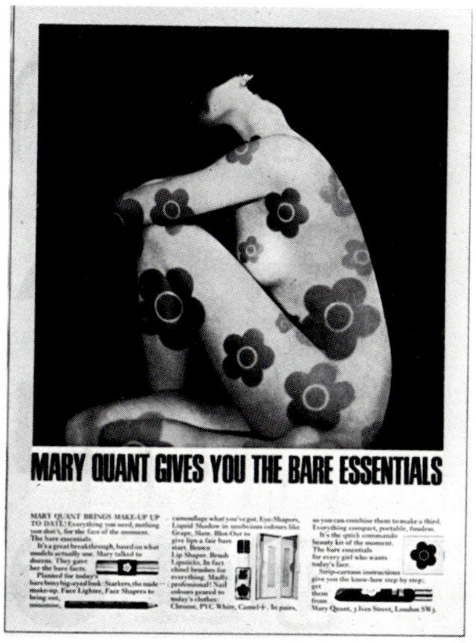

168: Mary Quant Kosmetik, 1970

169: Rosy, 1973

170: Kotex, 1975

Seife Atlantik.
Natürlich stimulierend wie eine Meerwasser-Massage.
Seife Atlantik ist wie ein Stück Meer.
Die Form - eine überschäumende Woge.
Der Duft - ein Hauch von Meer und Weite.
Das Gefühl - erfrischend, belebend,
stimulierend wie das Meer.
Lever Sunlicht
SEIFE
Atlantik
Die Frische von Seetang und Meer
Seife Atlantik - die belebende Frische von Seetang und Meer.
Auch in Österreich erhältlich.

171

172

171:
Seife Atlantik, 1979

172:
Hom Wäsche, 1978

Der Lebensstil des jungen Europäers

Wie andere Amerikana: der Jazz, der Supermarkt, so wurden auch die Blue Jeans europäisiert. Levi und Jesus bieten der jungen Generation ihre Produkte auf die gleiche Art an, in der junge Leute miteinander reden. Die schlaksige Freiheit junger Deutscher aus dem westlichen Teil ihres Landes findet ihren Ausdruck in Wrigley's Losung: „Gib 'ne Runde Frische aus", die überall in Deutschland per Plakat an den Mann kommt. Der junge italienische Beau sammelt seine Erfolge bei Damen mit Hilfe des Dufts von Gillette Aftershave. „Il Collezionista" (Der Sammler). Der französische Eram-Stiefel marschiert durch Europa als Teil der Blue-Jeans-Uniform der jungen Anhalter, der Wandervögel unserer Zeit. Alle Botschaften sind einfach, leger und direkt – wie ihre Zielgruppen.

173: Wrigley's, 1979

174: Levis, 1975

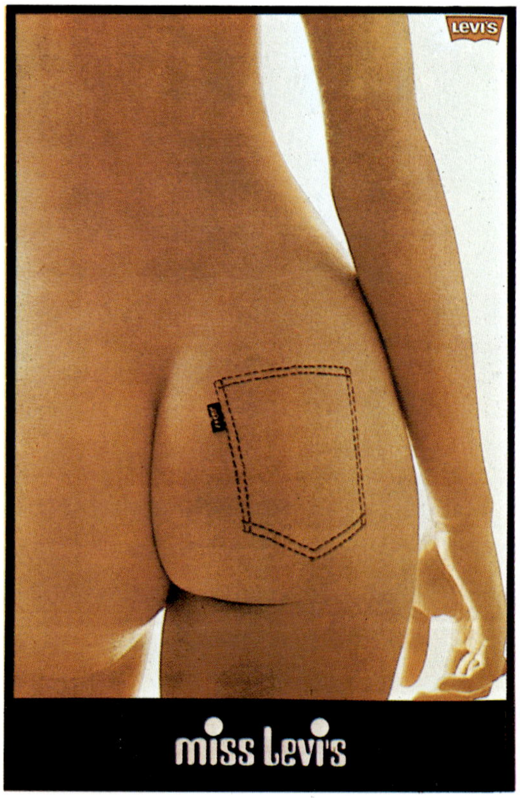

175: Jesus, 1977

176: Gillette, 1969

177: Eram, 1975

Fluglinien: Die neuen Vorortbahnen Europas

In Europa reisen heute mehr Leute im Flugzeug als noch vor knapp vierzig Jahren im Automobil. Für den Geschäftsmann in Frankfurt zählt Air France die Verkehrsampeln zwischen dem neuen Flugplatz De Gaulle, der von Air France benutzt wird, und der Pariser Innenstadt, vergleicht damit die Zahl der Verkehrsampeln auf dem Wege vom alten Flugplatz Orly, der noch von der Lufthansa benutzt wird, und vermag damit Vorteile für sich anzubieten. KLM offeriert seine Liniendienste in die Länder der Ölscheiche am Persischen Golf in Worten, wie sie von der Londoner Untergrundbahn im Jahre 1920 gebraucht wurden, um Reisen in die Vororte der Stadt zu erklären. British Airways verbindet die Londoner U-Bahn völlig mit dem Flugzeug auf eine Art, in der früher der Umsteiger Straßenbahn/Omnibus behandelt wurde. Die gleiche Fluglinie beweist, daß die Karibik so nahe bei London liegt, wie es früher Brighton war. Anzeigen dieser Art sind ein Spiegel unserer Zeit. Vielleicht sind sie auch Antrieb für viele, nach vorn und nach oben zu kommen, um sich, und damit die Gesellschaft weiterzubringen.

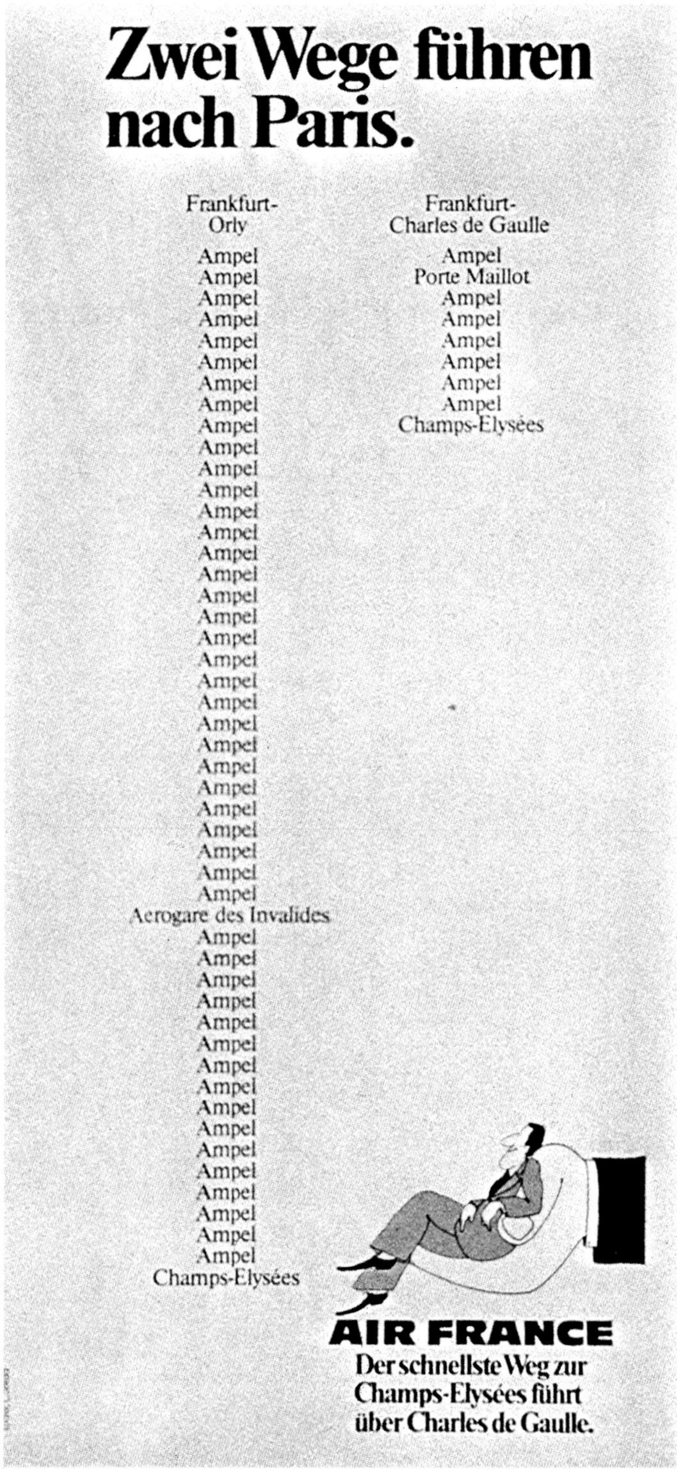

178: Air France, 1976

179: British Airways, 1977

 180: KLM, 1977

181:
British Airways,
1979

Der neue Frühling des Plakats

In ihrer neuen Arbeitsteilung mit der Fernsehwerbung sind auch die Plakate in einen neuen Gestaltungsfrühling eingetreten. Die lila Kuh von „Milka" hat erheblich dazu beigetragen, gegen harte Konkurrenz ihre Marke zur führenden Schokolade Deutschlands zu machen. Und wenn man in der Schweiz „Schweppes" von der Fernsehwerbung her kennt, dann fühlt man sich beim Verstehen der Schweizer „Schweppes"-Plakate wissend lächelnd als Mitglied eines Clubs der Initiierten. Aber auch ohne Fernsehunterstützung leistet die neue Plakatgrafik Europas manches Bedeutsame. Sekundenschnell vermag „Cinzano" den französischen Fußgängern und Autofahrern vermitteln, daß die guten alten Zeiten leider vorüber sind, daß „Cinzano" jedoch voll und ganz unverändert ist wie eh und je. Eine dramatische Kampagne, die genauso viel über die Stimmung im heutigen Europa aussagt wie über „Cinzano".

182

183

182: Milka, 1976
183: Schweppes, 1969

184: Cinzano, 1978

185: Cinzano, 1978

Der Herbst der Zigarette

Großartige Plakatkampagnen, deren skurriler Stil ihre Anhänger entzückt und deren Mentalität entspricht, haben „Roth-Händle" Zigaretten als den Führer der erfolgreichen Nische eines Spezialmarktes für schwarze Zigaretten in Deutschland etabliert. Um beim Rauchen zu bleiben: Seitdem die Medizin der westlichen Welt dem Zigarettenrauchen den Krieg erklärt hat und Verbraucherverbände, Regierungen und, am erfolgreichsten übrigens, die Selbstkontrolle der Tabakindustrie selbst Zigarettenwerbung begrenzen, kann die Werbung nicht mehr viel über Zigaretten sagen. Es sei denn, sie informiert über weniger Nikotin und weniger Teer. Die Hauptaufgabe der Zigarettenwerbung heute ist die Einführung neuer Marken, die noch nikotinärmer und teerärmer sind als die bisherigen. Sie erblicken mit Hilfe der Werbung jeden Monat das Licht der Regale. Im Ostblock dagegegen, wo Wirtschaftswerbung praktisch verboten ist, schmauchen Millionen von Verbrauchern noch immer die alten, bösen Glimmstengel voll von Teer und Nikotin – und immer mehr von ihnen. „Camel" Zigaretten setzen im Westen auf ihre bekannten Symbole. Der Fotograf, der Grafiker sind wieder zum Hauptmedium der Botschaft geworden, wie früher in der Belle Epoque von Paris.

186/187: Roth-Händle, 1971

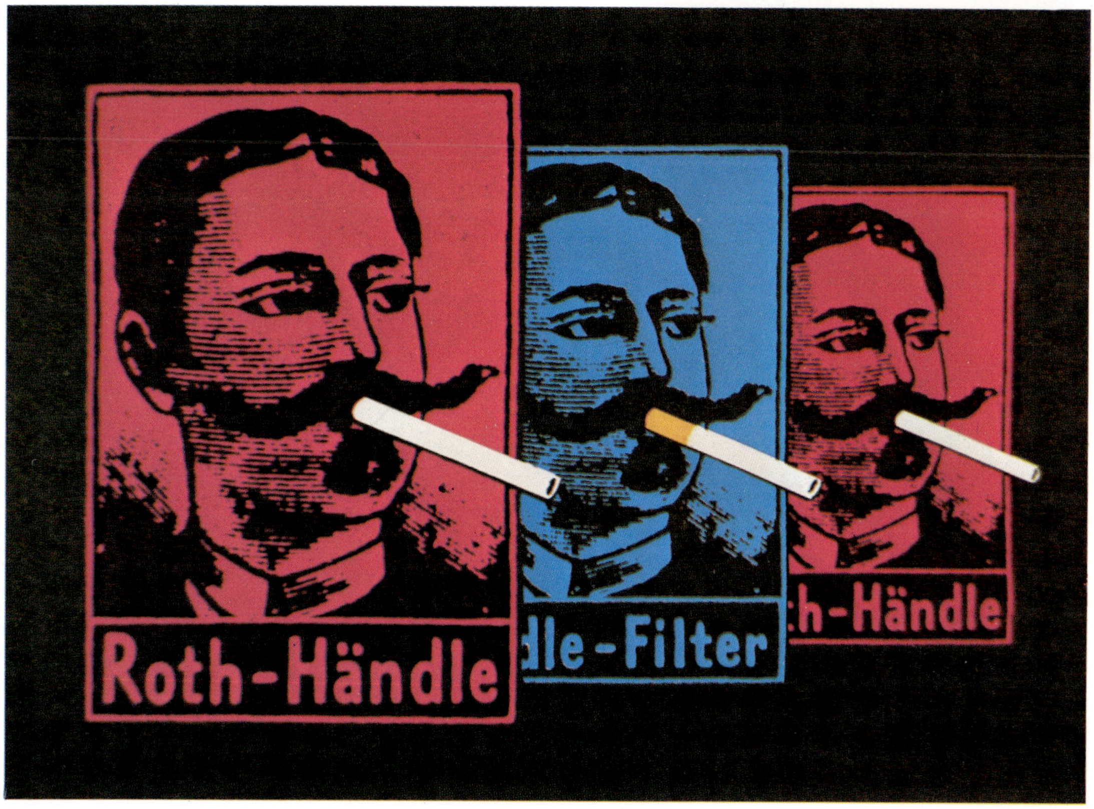

188: Emanzipationszigarette, Kim, 1979

189: Erinnerungszigarette, Camel, 1977

Arbeitsteilung zwischen Medien

Werbekampagnen finden heute ihren Weg zum Verbraucher meist aufgeteilt auf mehrere Medien. Der Billard-Effekt, in dem die Botschaft in einem Medium die Botschaft in den anderen Medien verstärkt, ist blendend enthalten in Anzeige und Plakat einer schönen und erfolgreichen „Gordon's Gin" Kampagne des englischen Marktführers seiner Kategorie.

190

190: Plakat, Gordon's Gin, 1978
191: Anzeige, Gordon's Gin, 1978

191

Marktführer und Aggressor

Der Sekthersteller Henkell in Wiesbaden hat seit Beginn unseres Jahrhunderts einen langen und manchmal kapriziösen Weg hinter sich gebracht. Heute unterstützt Zeitschriftenwerbung das Fersehwirken von Henkell so stolz und konservativ, wie es dem Rolls Royce des deutschen Sekts gebührt. Der Wettbewerber Matthäus Müller sucht dagegen dem Marktführer Marktanteile abzuringen, indem er seine Marke mit einer jugendlichen Imago und manchmal mit recht offener Erotik versieht, hart an der Grenze des in der Gesellschaft Akzeptierten.

192: MM, 1976

193: Henkell, 1977

Engagierte Werbung

Die Ölgesellschaft „Shell" ist heute sehr groß. Viele Leute glauben, sie sei zu groß, um fair am Markt mitzuwirken, und sie nehmen das von „Esso", „BP" und den anderen Ölgesellschaften gleichfalls an. Deshalb bemüht sich die Ölindustrie, der negativen Kritik in der Öffentlichkeit mit Werbung gegenüberzutreten, in der die positive Rolle erklärt wird, die mit und trotz ihrer notwendigen Größe von ihr erfüllt wird. Solche engagierte Werbung (im Englischen „advocacy advertising") spricht offen über die Probleme der Ölindustrie und weist auf die Verantwortlichkeit hin, die sie für die Gesellschaft und für die Zukunft von uns allen zu tragen glaubt, und daß sie entsprechend handelt.

Was der Ölindustrie recht ist, ist dem Staat billig. Die Regierungen und Behörden Europas sind heute die größten Auftraggeber für Werbung überhaupt. Pars pro toto: Werbung hat in England die allgemeine Wehrpflicht ersetzt. Der Staat, der so oft an Werbung und dem Werberuf Kritik übt, gebraucht beide, um seine Wehrmacht aufzubauen. In der intelligenten Werbung für den englischen Offiziersnachwuchs werden viele positive Aspekte der Ausbildung aufgezeigt, die Offiziersanwärter in England erhalten. Die Kampagne hat ihren Höhepunkt in Anzeigen mit Unterschriften vieler bedeutender Persönlichkeiten des Landes, die nach Erscheinen der ausgezeichneten ersten Anzeige der Kampagne sofort begeisterte Briefe eingesandt hatten.

1793 als Marke begründet, ist „Pears" noch immer bedeutend auf dem britischen Seifenmarkt. Doch die Werbung hat sich in den letzten hundert Jahren verändert. Die Marke wendet sich heute an die Mütter kleiner Mädchen, deren zarte Haut „Pears" nötig hat. Seit langem ist die Wahl eines kleinen Mädchens als „Miss Pears" jedes Jahr eine nationale Institution, mit der die Mütter des Landes auf „Pears" hingewiesen werden.

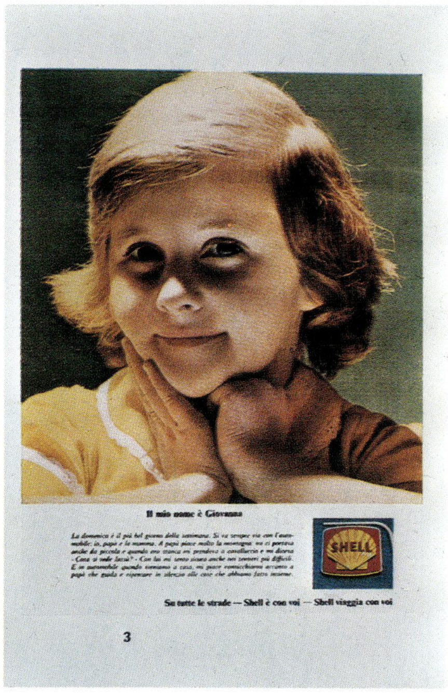

194: Shell, 1975

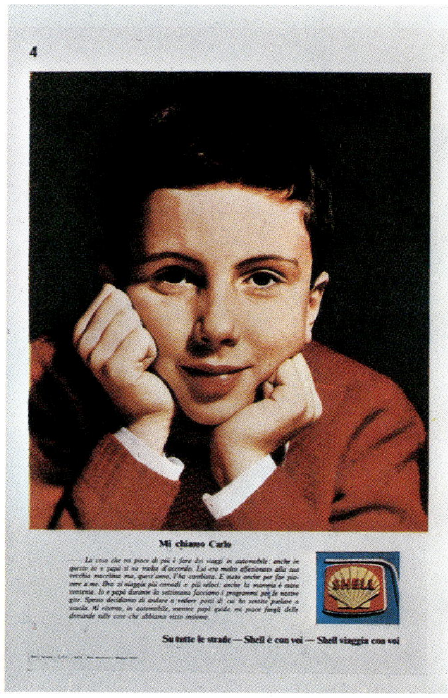

195: Shell, 1976

196: British Officers Recruitment, 1977

197: Pears Seife, 1976

Die Markenschöpfung geht weiter

Der Prozeß, aus generischen Produktkategorien konkrete Marken herauszuschälen, begann vor knapp zweihundert Jahren. Daß er noch immer fortgeführt wird, beweist die United Brands Company, die aus ihren per Auktion auf den Markt kommenden namenlosen Bananen eine Marke machte. In der Geschichte der Werbung gibt es wenige Beispiele, in denen ein solches Unterfangen glücklicher und erfolgreicher vor sich ging als bei „Chiquita". Dieser Erfolg veranlaßte einen anderen überseeischen Plantagenbesitzer, mit „Dole" nachzuziehen und seine Bananen verschieden von „Chiquita" zu positionieren.

In Frankreich gibt es für aktuelle Markenschöpfung das Beispiel von „Paul Prédault" Fleischwaren. Ihre Umwandlung von generischen Pasteten in Töpfen in eine spezifische Marke hat sie in Frankreich schnell eine Führungsposition einnehmen lassen. „Prédault" erreicht das mit Werbung im warmen Stil des besten, was Frankreichs Werbung anzubieten hat.

198: Ob gelb . . .

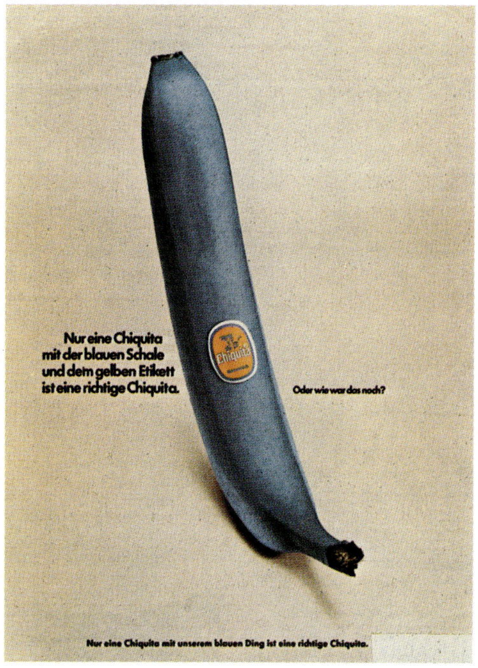

199: . . . ob blau . . .

200: . . . ob kleiner Punkt,
man erkennt Chiquita, 1970

201: Die Konkurrenz: Dole, 1979

Une charcuterie comme autrefois... consacrée par le Prix de la Qualité au dernier Salon international de l'alimentation.

Désormais, les charcuteries de Paul Prédault sont aussi présentées en verrines

Pour la vente en libre-service, on demandait à Paul Prédault (et depuis longtemps) de présenter en verrines ses principales spécialités.

Eh bien, voilà qui est fait... Après que Paul Prédault ait pris le temps d'adapter chacune de ses recettes, pour qu'à coup sûr, on retrouve en verrines la saveur exacte des produits à la tranche.

Désormais, vous pourrez donc aussi commander en verrines (de 200 grammes) : le pâté de Gascogne, le jambon de Bourgogne persillé au chablis, le fromage de tête, le pâté saintongeais, le blanc de poulet farci et le fouga landais.

Tous ces produits, cuisinés à l'ancienne, étant, par ailleurs, soutenus par de nombreuses pages de publicité dans tous les grands journaux nationaux.

Paul Prédault, charcutier
Le Clos Chauvard, 95500 Gonesse,
tél. 985.22.22

202: Paul Prédault, 1977

Dramatische Werbung fasziniert

Wenn man etwas Bewegendes mitzuteilen hat, so kann man auch in der Werbung dramatisch sein. Man kann sogar auf die Tränendrüse des Lesers drücken. So wie es die Zahnpasta „Mentadent C" in Deutschland getan hat und die Werbekampagne für die Ausbildungsförderung von Krankenschwestern in England.

203: Mentadent C, 1977

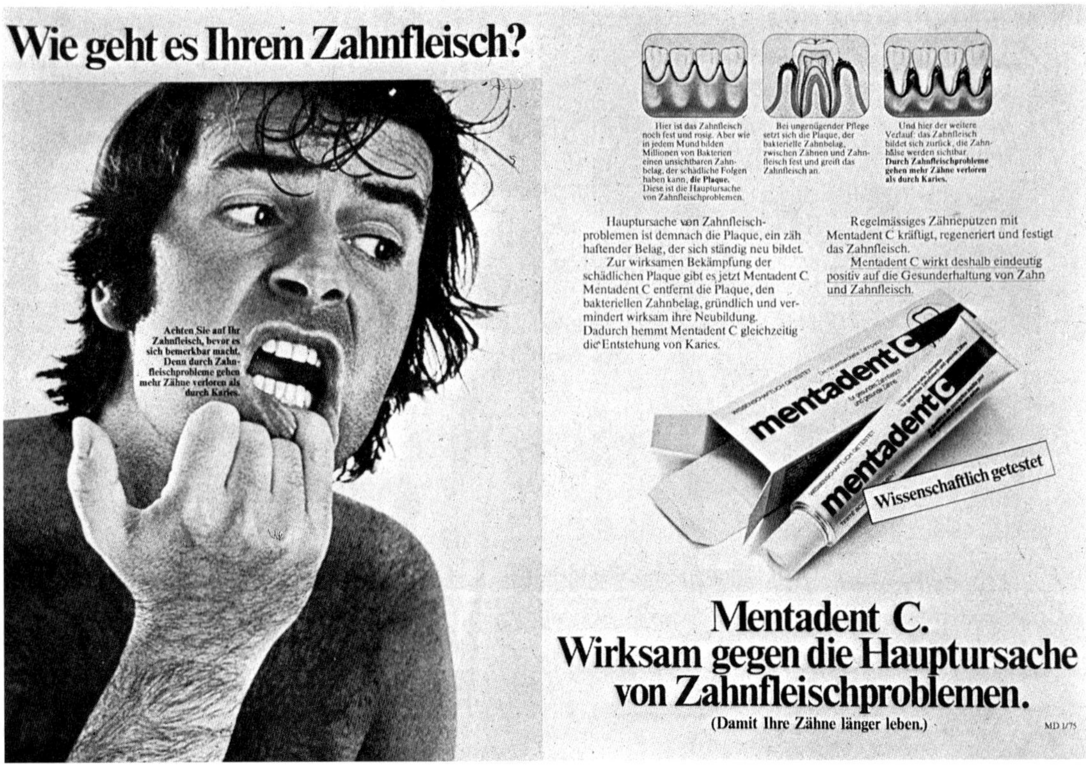

204: Krankenschwesternachwuchs-Werbung, 1978

Intelligente Werbung belästigt nicht

Wie in der freien Literatur, so kann auch in auftragsgebundenen Werbetexten die Frische eines Vergleichs, die Verblüffung hervorrufende unerwartete Idee den Leser bannen: Selbst wenn er zum Zeitpunkt des Lesens ein Produkt nicht benötigt, wird er sich mit „Aha" an die Marke erinnern, die ihn einmal intelligent angesprochen hatte.

Intelligente Werbung leitet so einen interessanten Dialog mit dem Zeitschriftenleser ein und konvertiert ihn zum potentiellen Käufer, wie die Schneiderei „Dunn" in London demonstriert. Warum wagen es nicht mehr Modehäuser, in der netten Art von „Dunn & Co." an den Markt zu gehen?

205: Dunn & Co., 1977

206: Dunn & Co., 1977

Ein seriöses und ein schmunzelndes „Prost"

Alkoholika stehen heute für Europas Bürger in größerer Auswahl bereit als jemals zuvor. Ebenso vielgestaltig wie das Angebot sind die werbenden Botschaften. „Remy Martin" wirbt in bewährtem, klassischem Stil. Die Anzeige ist wie ein Zeitungsartikel mit dem Namen des belgischen Texters gezeichnet. Dadurch wird die Autorität der Botschaft verstärkt.

Der deutsche Kräuterlikör „Jägermeister" ist erfolgreich mit einer Schmunzelkampagne, die sich an die breite Masse der Verbraucher mehrerer europäischer Länder wendet. Die Marke wird mit einer Art Humor beworben, die sowohl Italiener als auch Deutsche gleich positiv anspricht. Daß so etwas möglich sei, ist ein Phänomen, das die meisten Angehörigen beider Völker bisher für unmöglich gehalten haben.

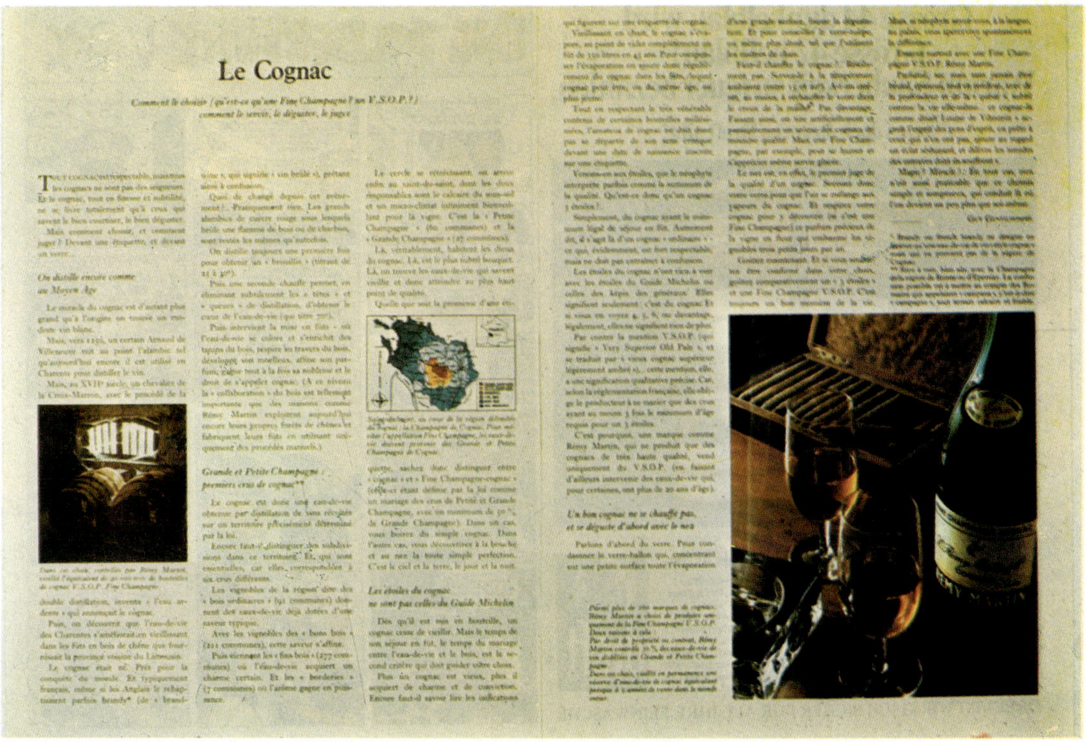

Le Cognac

Comment le choisir (qu'est-ce qu'une Fine Champagne? un V.S.O.P.?) comment le servir, le déguster, le juger

207: Remy Martin, 1977

208: Jägermeister, 1977

209: Jägermeister, 1977

Bier für die emanzipierte Frau

„Guiness", das zweihundert Jahre alte Bier für starke Männer, hat vor kurzem die Emanzipation der Frau entdeckt. So wendet sich „Guiness" direkt an Frauen und Mädchen, spricht zu ihnen in ihrer Sprache und mit Bier-Assoziationen aus ihrer Welt.

Das gleiche wird in Deutschland versucht, wo der Geschmack weniger elegant und zur Zeit oft etwas provinziell ist, seitdem die deutsche Hauptstadt Berlin, in welcher der nationale Geschmack Deutschlands sich gebildet hatte, für eine Zeit lang arbeitslos geworden ist. Jedoch ist Deutschland in seinen beiden getrennten Hälften ein Land geblieben, in dem Bier und Humor trotz allem ausreichend vorhanden sind.

210/211: Guiness, 1976/1977

212/213: Guiness, 1977
214: Beck's Bier, 1974

212

213

214

Nastrowje! Oder der Sieg des Kapitalismus

Seit dem Ende des noch von Lenin inspirierten „NEP"-Systems in den zwanziger Jahren wird Wirtschaftswerbung im Ostblock als böse verteufelt. Mit Hilfe der Werbung jedoch wurde im Jahre 1978 ein russischer Importwodka zum Marktführer im westlichen Deutschland. Ohne Werbung wäre „Moskovskaya" ein Außenseiter auf dem Markt geblieben.

215: Moskovskaya, 1979

Die Zukunft der Wirtschaftswerbung?

Die Zukunft der Wirtschaftswerbung wird durch den Grad bedingt sein, in dem sich entscheidende Märkte weiterhin nach den Regeln des Wettbewerbs entwickeln können. Werbung ohne Wettbewerb – sei er oligopolistisch oder offen – ist eine sinnlose Investition für den Hersteller.

Uns stehen im Beginn einer neuen technologischen Revolution völlig neue Produkte und Dienstleistungen zur Verfügung. Ferner wird der Anteil von engagierter Werbung der privaten Industrie wie auch der öffentlichen politischen und verwaltenden Institutionen an der Gesamtwerbung mit Sicherheit bedeutend nach oben gehen. Aus diesen Gründen braucht den Werbeleuten in Europa – und den Europäern, die den Wettbewerb für eine freie, offene, erwachsene und erstrebenswerte Art des Wirtschaftens halten – um die Zukunft der Werbung kaum Bange zu sein.

Quellenhinweise

Abkürzungen:

1, 2…	: Bildnummer
( )	: Seite
G	: Grafiker, Künstler
A	: Werbeagentur
MAD	: Musée des Arts de la Décoration, Paris
BA	: Firmenarchiv Bahlsen, Hannover
HW	: Henkel-Werksarchiv, Düsseldorf
E	: Eigenarchiv des Autors oder von Foote, Cone & Belding
U	: Unbekannt

1 (11) G: U, MAD
2 (13) G: U, E
3 (15) G: Marcello Dudovich, Mailand
4 (15) G: Alfons Mucha, Paris
5 (15) G: Fritz Rehm
6 (16) G: Massias, Paris
7 (16) G: A. Pellegrini, Mailand
8 (17) G: U, E
9 (17) G: U, E
10 (19) G: Jules Cheret, Paris
11 (19) G: Manel, Paris
12 (19) G: U, MAD
13 (20) G: Jules Cheret, Paris
14 (20) G: Lucian Bernhard, Krefeld
15 (21) G: L. Carpanetto, Mailand
16 (23) G: U, E
17 (23) G: U, E
18 (23) G: Alfons Mucha, Paris
19 (23) G: U, BA
20 (23) G: U, BA
21 (23) G: U, E
22 (24) G: Franz Laskoff
23 (24) G: U, E
24 (25) G: M. Willette, Paris
25 (25) G: Leonetto Cappiello, Paris
26 (27) G: Leonetto Cappiello, Paris
27 (27) G: Alfons Mucha, Paris
28 (28) G: Theophile Steinlen, Paris
29 (29) G: Jules Cheret, Paris
30 (31) G: Ludwig Hohlwein
31 (32) G: Hans Rudolph Erdt
32 (33) G: Lucian Bernhard
33 (33) G: Lucian Bernhard
34 (36) G: U, Firmenarchiv Bovril, London
35 (36) G: U, Firmenarchiv Bovril, London
36 (37) G: U, Firmenarchiv Bovril, London
37 (37) G: U, Firmenarchiv Bovril, London
38 (39) G: U, Unilever-Archiv, London
39 (41) G: U, Unilever-Archiv, London
40 (41) G: U, Unilever-Archiv, London
41 (41) G: Sir John Millais, Unilever-Archiv, London
42 (41) G: U, Unilever-Archiv, London
43 (43) G: Knut Hansen, Henkell-Archiv, G: Wiesbaden
44 (43) G: Alfons Mucha, Henkell-Archiv, Wiesbaden
45 (43) G: Albert Klinger, Henkell-Archiv, Wiesbaden
46 (43) G: Olaf Gulbransson, Henkell-Archiv, Wiesbaden
47 (44) G: Walter Georgi
48 (44) G: Th. Th. Heine, Henkell-Archiv, Wiesbaden
49 (44) G: Bruno Paul, Henkell-Archiv, Wiesbaden
50 (44) G: Bruno Paul, Henkell-Archiv, Wiesbaden
51 (46) G: Raphael Kirchner, BA
52 (47) G: Otto Obermeier, BA
53 (47) G: Ludwig Hohlwein, BA
54 (47) G: Heinrich Mittag, BA
55 (49) G: G. Mora, Mailand
56 (49) G: A. L. Mauzan, Mailand
57 (49) G: Leonetto Cappiello, Paris
58 (50) G: Marcello Dudovich, Mailand
59 (51) G: Marcello Dudovich
60 (53) G: vermutlich Prof. Hofmann, E
61 (53) G: Ludwig Hohlwein, München
62 (53) G: U, E
63 (55) G: U, HW
64 (55) G: U, HW
65 (57) G: U, Unilever-Archiv, London
66 (57) G: U, Firmenarchiv Bovril, London
67 (57) G: U, Unilever-Archiv, London
68 (57) G: U, E
69 (59) G: Alfons Mucha, Paris
70 (59) G: M. F. Raikin
71 (59) G: Adolfo Hohenstein
72 (59) G: U, Tuborg-Archiv, Kopenhagen
73 (61) G: Jaeger, Stockholm
74 (63) G: U, E
75 (63) G: U, Firmenarchiv Bovril, London
76 (63) G: U, HW
77 (65) G: vermutlich Martel Schwichtenberg, BA
78 (65) G: U, BA
79 (66) G: Emil Preetorius, BA
80 (66) G: U, E
81 (67) G: Ashley
82 (67) G: H. Hoffielder
83 (69) G: U, HW
84 (69) G: K. Heiligenstaedt, HW
85 (70) G: K. Heiligenstaedt, HW
86 (70) G: K. Heiligenstaedt, HW
87 (71) G: K. Heiligenstaedt, HW
88 (71) G: K. Heiligenstaedt, HW
89 (70) G: K. Heiligenstaedt, HW
90 (70) G: K. Heiligenstaedt, HW
91 (71) G: K. Heiligenstaedt, HW
92 (73) G: U, E
93 (73) G: U, E
94 (73) G: U, E
95 (74) G: Todognatto, Fiat-Archiv, Turin

96 (74) G: U, Fiat-Archiv, Turin
97 (75) G: Todognatto, Fiat-Archiv, Turin
98 (75) G: Givono, Fiat-Archiv, Turin
99 (74) G: U, Fiat-Archiv, Turin
100 (74) G: U, Fiat-Archiv, Turin
101 (75) G: Todognatto, Fiat-Archiv, Turin
102 (75) G: U, E
103 (77) G: U, Renault-Archiv, Paris
104 (77) G: U, Daimler-Benz-Archiv, Sindelfingen
105 (79) G: U, Shell-Archiv, London
106 (79) G: Graham Sutherland, E
107 (79) G: Graham Sutherland, E
108 (81) G: A. M. Cassandre
109 (82) G: A. M. Cassandre
110 (82) G: U
111 (83) G: U
112 (83) G: A. M. Cassandre
113 (83) G: A. M. Cassandre
114 (85) G: A. M. Cassandre
115 (85) G: G. Minenzio
116 (85) G: K. Shoesmith
117 (87) G: G. M., KLM-Archiv, Amsterdam
118 (88) G: Charles C. Dickson, KLM-Archiv, Amsterdam
119 (88) G: Charles C. Dickson, KLM-Archiv, Amsterdam
120 (89) G: U, BA
121 (89) G: Jan W., KLM-Archiv, Amsterdam
122 (89) G: U, KLM-Archiv, Amsterdam
123 (91) E
124 (91) E
125 (91) E
126 (91) E
127 (92) E
128 (93) E
129 (93) E
130 (94) E
131 (94) E
132 (94) E
133 (95) E
134 (97) G: U, Bundesarchiv, Koblenz
135 (97) G: U, Bundesarchiv, Koblenz
136 (97) G: U, BA
137 (97) G: Ludwig Hohlwein
138 (99) A: S. H. Benson, London
139 (99) A: S. H. Benson, London
140 (99) A: S. H. Benson, London
141 (99) A: S. H. Benson, London
142 (101) A: S. H. Benson, London
143 (101) A: S. H. Benson, London
144 (104) A: Werbeabteilung Henkel, Düsseldorf
145 (104) A: Werbeabteilung Henkel, Düsseldorf
146 (104) A: Smit's Agentur, Amsterdam
147 (104) A: Smit's Agentur, Amsterdam
148 (105) G: Schweizer Werbefachverband
149 (105) G: Schweizer Werbefachverband
150 (105) A: Promos, Paris
151 (107) G: Fritz Bühler, Basel
152 (107) A: Die Werbe, Essen
153 (109) A: J. Walter Thompson, London
154 (109) A: Troost, Düsseldorf
155 (111) A: Avico, Zürich
156 (113) A: Foote, Cone & Belding, London
157 (113) A: Admenting
158 (115) A: CBC, Mailand
159 (117) A: Impact/FCB, Paris
160 (119) A: Doyle, Dane, Bernbach, Düsseldorf
161 (119) A: Doyle, Dane, Bernbach, Paris
162 (119) A: Foote, Cone & Belding, Mailand
163 (119) A: Boase, Massini, Pollit, London
164 (121) A: Heumann, Ogilvy & Mather, Frankfurt/M.
165 (121) A: Heumann, Ogilvy & Mather, Frankfurt/M.
166 (123) A: H. K. McCann, Frankfurt/M.
167 (123) A: ATA/Univas, Mailand
168 (125) A: Masius, Wynne, Williams, London
169 (125) A: Publicis, Paris
170 (125) A: Lennen & Newell, Wolsey, London
171 (126) A: Foote, Cone & Belding, Frankfurt/M.
172 (127) A: Euro Service, Paris
173 (129) A: Foote, Cone & Belding, Frankfurt/M.
174 (130) A: Young & Rubicam, Brüssel
175 (130) A: Italia BBDO, Mailand
176 (131) A: Foote, Cone & Belding, Mailand
177 (131) A: CLM/BBDO, Paris
178 (133) A: Lürzer & Conrad, Frankfurt/M.
179 (134) A: Foote, Cone & Belding, London
180 (134) A: Vaz Dias, Amsterdam
181 (135) A: Foote, Cone & Belding, London
182 (137) A: Young & Rubicam, Frankfurt/M.
183 (137) A: Atelier Jaquet, Bern
184 (138) A: IDM Conseil, Paris
185 (139) A: IDM Conseil, Paris
186 (141) G: Herbert Leupin, Basel
187 (141) G: Herbert Leupin, Basel
188 (142) A: W. Wilkens, Hamburg
189 (142) A: De Plas, Homsy, Delafosse, Paris
190 (144) A: Foote, Cone & Belding, London
191 (145) A: Foote, Cone & Belding, London
192 (147) A: MWI, Hamburg
193 (147) A: Young & Rubicam, Frankfurt/M.
194 (149) A: CPV & Grey, Mailand

195 (149) A: CPV & Grey, Mailand
196 (149) A: Collett, Dickenson & Pearce, London
197 (149) A: Welbeck Public Relations, London
198 (151) A: Young & Rubicam, Frankfurt/M.
199 (151) A: Young & Rubicam, Frankfurt/M.
200 (151) A: Young & Rubicam, Frankfurt/M.
201 (151) A: Foote, Cone & Belding, Frankfurt/M.
202 (152) A: Impact/FCB, Paris
203 (154) A: J. Walter Thompson, Frankfurt/M.
204 (155) A: Doyle, Dane, Bernbach, London
205 (157) A: Collett, Dickenson & Pearce, London
206 (157) A: Collett, Dickenson & Pearce, London
207 (159) A: Impact/FCB, Brüssel
208 (159) A: GGK, Düsseldorf
209 (159) A: GGK, Düsseldorf
210 (161) A: J. Walter Thompson, London
211 (161) A: J. Walter Thompson, London
212 (162) A: J. Walter Thompson, London
213 (162) A: J. Walter Thompson, London
214 (163) A: H. K. McCann, Frankfurt/M.
215 (165) A: Nordbuch & Pötz/Klein & Partner, Düsseldorf

Gib 'ne Rund